华文水平测试丛书

华文水平测试文化大纲

暨南大学华文学院
暨南大学华文考试院 编

商务印书馆
The Commercial Press

华文水平测试丛书

顾问委员会

主任委员　郭　熙

国内委员　（按音序排列）

　　　　　　刁晏斌　　郭树军　　鹿士义　　彭恒利　　齐沪扬
　　　　　　苏新春　　王　晖　　王佶旻　　张　博　　张金桥
　　　　　　张　军　　张　凯　　张一清　　郑海燕　　周小兵

海外委员　（按音序排列）

　　　　　　陈荣基（美国）　　　陈秀姐（日本）　　　陈友明（印度尼西亚）
　　　　　　侯艳妹（日本）　　　黄端铭（菲律宾）　　黄　英（西班牙）
　　　　　　黄愿宇（印度尼西亚）李复新（澳大利亚）　李佩燕（荷兰）
　　　　　　李雪梅（意大利）　　梁　冰（泰国）　　　廖秀琴（英国）
　　　　　　林　立（日本）　　　刘　申（美国）　　　刘统厚（菲律宾）
　　　　　　刘　芸（西班牙）　　罗宗正（泰国）　　　倪小鹏（美国）
　　　　　　潘丽丽（西班牙）　　孙浩良（澳大利亚）　吴桂秋（巴西）
　　　　　　伍善雄（英国）　　　夏　铭（美国）　　　邢　彬（美国）
　　　　　　许　易（澳大利亚）　杨　林（日本）　　　张述洲（日本）
　　　　　　张岩松（日本）　　　郑洁珊（印度尼西亚）周开雾（德国）

编辑委员会

总 主 编　邵　宜　　王汉卫

编　　委　（按音序排列）

　　　　　　付佩宜　　华平娟　　刘　骏　　陆佳幸　　马新钦　　浦丹清
　　　　　　邵　宜　　苏　政　　王大壮　　王汉卫　　王　洁　　徐加义

本册编者　马新钦

总序

全球中文教育大体上有三种性质。一是国内的语文教育，主要对象是国内汉语民族群，通常称为母语教育，通过学习体现国家通用语言文字要求的综合课程语文课来实现；非汉语民族群和华侨子女的国家通用语言文字教育则另有路径，这里暂且不论。二是外语教育，对象是外国人，包括国内通常所说的对外汉语教学和分布在国际上的中文教学。三是祖语教育，对象是海外华人子女，是一种民族语言文化传承教育，通常称为华文教育。

中国现代语文教育有很长的历史，已经形成了自己的教材、课程和教学体系。语文教育有自己的考试传统，多采用书面考试方式，内容包括语文基础知识和作文。随着普通话的普及，有关方面展开了普通话水平提升计划，适时推出了普通话水平测试，主要是测试口头水平。

中文作为外语的教学在新中国成立不久就开始了，20世纪70年代起有了较大的发展。改革开放后，来华学习中文和其他专业的留学生越来越多。一种新型的中文教育学科，即对外汉语教学应运而生。这个名称本身，展示了跟国内语文教育的不同。经过多年努力，对外汉语教学形成了自己的教材、课程和教学理论体系；同时，中文作为第二语言的考试体系也从无到有，不断发展，广受世界关注的汉语水平考试（HSK）已经成为外国人到中国大学进行专业学习的入门证。

不过，问题很快也就来了。一批中文并非二语者的海外华人到中国读书也须拿HSK这个入门证。我的一位马来西亚朋友，常年为华文报纸撰稿的专栏作者，到中国读研究生，也参加了HSK。结果，用他的话说是看到考卷"啼笑皆非"。有这种遭遇的不是个案，但那个时候，好像也没有别的办法，因为还没有相应的措施来检测这第三种中文教育，即中文作为祖语教育的学习者的中文水平。

有必要说说这批中文使用者的来历。中文作为祖语的教育由来已久。早期的海外中文教育实际上是一种母语教育，它经历了方言教学的私塾、新式学堂到现代学校的中国国语教育等阶段。当时，配合这种中文教育的考试自然是传统的语文考试；作为侨民，他们还会回国参加相关考试。20世纪50年代开始，海外华人社会的侨民教育因为新中国不承认双重国籍而终止，转为华人的民族语言文化教育，中文本身也就成了我们所说的祖语。这样，无论是理论上还是实践上，它都跟国内的语文教育有了很大的不同；而作为外国人，他们的中文学习也不是一般意义上的外国语学习，用HSK来测试，自然很成问题。

何有此说？还得回到HSK本身。HSK设定的测试对象，包括一般外国人、海外华人和中国境内少数民族。少数民族当然不同于外国人，所以民族汉考（MHK）很早就已经发展成为独立的考试。海外华人也不同于一般的外国人。例如，据相关资料，国内中文母语者学龄前的词汇量一般在4 000左右，而祖语保持较好的海外华人社区，如新加坡、马来西亚，学龄前的常用口语词也可达2 000以上，况且有不少的海外新移民是从国内出去的，有的家庭用语就是普通话或汉语方言，用HSK来测试他们的中文水平显然没有道理。

另一方面，各种考试都有"指挥棒"的作用，HSK 也不例外。在只有 HSK 的时代，海外中文教学中常常也只能用它来作为教学质量检测的依据，但这就影响到海外华文教学，包括教材编写、练习设计等。例如，一些针对海外华裔的华文教材就被要求用 HSK 大纲规定的词表等级、汉字等级来编写，这些无疑对海外中华语言文化传承教育带来了负面影响。

就我所知，最早意识到这些问题并提出质疑的学者来自暨南大学华文学院。该学院长期以来华海外华侨华人子女为主要教学对象，也担负着大量海外华文教学、师资培训和教材编写等任务。长期的一线教学实践和研究使他们对海外华语及其传承中的一系列问题有比较深入的认识，对缺乏针对海外华裔青少年的适用考试带来的问题有更深切的感受。他们深知华文水平测试（简称"华测"）研究的重要性，不断地呼吁，并积极进行理论研究和操作探索。10 多年来，他们在有关方面的支持下，全力以赴，克服重重困难，在华文水平测试的理论探索、方案设计、试卷编写和实地测试等方面开展了一系列工作，取得了丰硕的成果，受到了海外华文教育界的广泛好评。他们以引导海外华人社会的华文能力保持为追求，采取标准加常模的设计，以华文能力标准为依据，研制了汉字、词汇、语法、文化等大纲，为不同年龄段设计了阅读、写作各六个等级，口语三个等级的考试框架，听力在华测中不作为一个独立的测试品种，而作为基础的、背景意义上的能力。窥豹一斑，华测的不同、华测的"华"字性质呼之欲出。现在摆在我们面前的"华文水平测试丛书"，就是他们辛勤探索过程的记录和重要成果。

丛书由《华文水平测试考试手册》《华文水平测试样卷》《华文水平测试汉字大纲》《华文水平测试词汇大纲》《华文水平测试语法大纲》《华文水平测试文化大纲》《华文水平测试概论》七个部分组成，展示了海外华文水平测试体系，有理论、有方法、有实践案例，基本实现了华文水平测试目前研究领域的全覆盖。这是今后相关测试和进一步展开研究的重要基础，是开展海外华语传承、建构中华民族共同体的重要参考。

丛书体现了不少新的理念，有鲜明的特色，具有很强的科学性、实用性和可操作性。在语言测试技术方面我完全是外行，按照鉴定专家的说法，华测以较大样本的试验结果表明，该测试系统难度适中，区分度强，信度效度符合标准化考试的要求。真诚地希望有更多的人和相关部门支持和关注华文水平测试，使之早日成为全世界华裔华文水平的统一标准、海外华人母语文自我评价的语言依据、监测海外华人社会母语言现状及变迁的依据，也可以作为通用华文教材的编写参考等。

作为推动华文水平测试研究的吹鼓手，我经历了其中的一些过程，对这个团队的精神由衷地佩服和赞赏，乐意支持和推荐这套丛书在商务印书馆出版。丛书主编希望我能在这套著作出版的时候写几句话，于是就有了上面的文字，也算是我对华文水平测试的进一步鼓吹。

是为序。

郭熙

2022 年 8 月 25 日于北京

目 录

《华文水平测试文化大纲》研制报告 ……………………………… 1

华文水平测试文化大纲 ……………………………………………… 21
    文化条目 …………………………………………………………… 23
        一、物质文化 …………………………………………………… 23
        二、制度文化 …………………………………………………… 35
        三、行为文化 …………………………………………………… 46
        四、心态文化 …………………………………………………… 52

    文化点检索一：文化分类检索 …………………………………… 84

    文化点检索二：音序检索 ………………………………………… 89

《华文水平测试文化大纲》研制报告

华文水平测试（简称"华测"）是以海外华裔青少年为测试对象的华语文能力标准化考试。华测的配套大纲有：汉字大纲、词汇大纲、语法大纲、文化大纲。

大纲研制的主要环节是条目收录、条目定级。本文介绍文化大纲的研制。

本报告主体部分以"华文水平测试文化分级大纲研制的理念与程序"为题发表于《华文教学与研究》2019年第3期，后有调整。

1. 现有文化理论和文化大纲研究的回顾

1.1 "交际文化"理论

二十世纪八九十年代，对外汉语教学界掀起一股文化研究热潮。有探讨文化教学在对外汉语教学中的定位问题的，如吕必松《在对外汉语教学的定性、定位、定量问题座谈会上的发言》（1995）、周思源《论对外汉语教学的文化定位》（1997）等。也有探讨对外汉语教学中的文化性质问题的，其中影响最大的当属"交际文化"概念的提出。张占一《汉语个别教学及其教材》（1984）将"文化"分为"交际文化"和"知识文化"，引起学界的热烈反响。赵贤洲《文化差异与文化导入论略》（1989）继此将语言教学中的导入文化概括为12目，如中外语言中"无法对译的词汇""某些层面意义有差别的词语""词语褒贬不同"，等等。陈光磊《语言教学中的文化导入》（1992）将文化分为习俗、思维、心态、历史、汉字五类，提出从语构、语用、语义三方面入手考察文化因素。魏春木、卞觉非《基础汉语教学阶段文化导入内容初探》（1992）把文化内容分为文化行为项目和文化心理项目两大类，114个子项目。其他如胡明扬《对外汉语教学中的文化因素》（1993）、林国立《对外汉语教学中文化因素的定性、定位与定量问题刍议》（1996）。总之，诸家都是从跨文化交际的视角探讨语言中的文化要素，重视交际中的跨文化差异，这无疑对教材编写、语言教学有积极意义。但不可否认，"交际文化"存在着理论缺陷和脱离现实的问题："文化"在很大程度上被视作语言的附庸或隐性形式，揭示的多是语言的文化背景知识，甚至把有些词语的比喻义、引申义等语义范畴当作文化因素，存在着不小偏差；而且"交际文化"的内涵模糊多变，难以在教学中操作、实施。周思源《"交际文化"质疑》（1992）、董树人《也谈对外汉语教学中的文化教学——兼及〈说汉语谈文化〉》（1995）、许嘉璐《语言与文化》（2000）等都提出了一些很有见地的看法。

新世纪以来，文化研究相对平淡，成果不多。但三十多年来学者们对于文化的研究与探索为我们提供了很好的研究基础，对华文水平测试文化大纲的编制多有助益。

1.2 文化大纲理论

制定文化大纲"这项任务比研究文化因素、文化教学更为复杂和艰巨"（李晓琪，2006）。迄今为止，针对汉语非母语者的文化大纲尚未问世，而学界对文化大纲的研究也比较薄弱。

H. H. Stern《语言教学的问题与可选策略》第八章《文化大纲》提出应包含如下项目：（1）处所——方位观念，（2）个人与生活方式，（3）人与社会，（4）历史，（5）制度，（6）艺术、音乐、文学与其他主要成就。该书所涉文化仅有大致分类，并无细目。爱德华·霍尔《无声的语言》有"文化示意图"（转引自黎天睦《现代外语教学法：理论与实践》，1987），其以相互交往、组织、经济、性别、空间、时间、教育、娱乐、保护性、开发利用方面等十维度构成100个子项目，从中外文化差异角度探讨语言中的社会因素与文化因素。周思源（1992）提出"文化观念要宽泛"的观点，"作为对外汉语教学的文化大纲目前主要管辖两个方面：一是综合性文化课程，二是各种语言课程后面附设的与主课文相关的文化短文"，尚不包括"专门性文化课程"。周文谈及的并非真正意义的文化大纲，而是对外汉语文化内容在教材中的两种存在形式。

对"文化大纲"进行专门研究的代表性论文有4篇，分别是陈光磊《从"文化测试"说到"文化大纲"》（1994）、林国立《构建对外汉语教学的文化因素体系——研制文化大纲之我见》（1997）、张英《对外汉语文化教材研究——兼论对外汉语文化教学等级大纲建设》（2004）以及《"对外汉语文化大纲"基础研究》（2009）。陈文认为文化大纲应着眼于语构文化、语义文化和语用文化；林文认为"应构建对外汉语教学中的文化因素大纲"，其基本内容是"中国人的思想观念和民族心理特征"，以及"中国人的生活方式和风俗习惯"。陈、林二家所构建的都是文化因素大纲，属于语言要素范畴，都排除了系统的文化知识。张文认为"文化"包括文化因素和文化知识，二者很难共存于同一大纲中，应制定以文化为本的"独立的大纲"，这是恰切的；而文化大纲主要是"跨文化交际中的文化"，即交际话题中的文化规约，此观点还需要进一步探讨。

总之，文化大纲的探讨主要围绕着文化因素、跨文化交际内容，而且仅停留在理论上，尚未真正落实到实践中。实际上，在语言学习阶段，"交际文化"多限于初、中级，其所涉及的文化内容或信息较狭窄，背后的文化观念亦有限，因此以文化因素为主体的文化大纲内容将十分薄弱，很难建立起来。

1.3 文化大纲的建设

卢伟《〈乘风汉语〉的中国文化教学研究》（2005）中编制的服务于《乘风汉语》编写的"文化教学内容大纲"，实则为文化要素举例。其"中国文化内容"分为3种类型、10个总类、31个子类、190个文化素（部分见表1），内容多为日常交际的话题，旨在为教材《乘风汉语》文化内容的编写服务，针对性强，但在分类上存在明显的杂乱现象。

表1 《中国文化教学大纲》的呈现样例

总类	子类	文化素	相关文化素
社会交际10	人际关系4	中国人的姓名（1）、用作称呼的"老师"（1）、儿童的昵称（9）、阿姨（10）	
	人际交往3	初次见面如何自我介绍（1）、介绍他人（2）、送礼习俗（13）	
	非言语交际3	手势与数字（4）、摸额头（23）、体触（23a）	
生活方式78	衣着服饰3	旗袍（3）、唐装（30）、中国丝绸（17）	
	饮食习俗19[①]	中国菜（14）、北京烤鸭（14）、麻婆豆腐（14）、天津大麻花（31）、东坡肉（28）、苏式点心（22）、饺子（31）、油条（23）、饮食习惯（14）、中国人的早餐（23）、中餐菜单与菜名（14）、饮酒习俗（35）、绿茶（10）、中国茶叶（10a）、火锅（25）、筷子（28）、减肥（14）、美式快餐在中国（7）	

---

① 卢伟（2005）原文为"19"，但"文化素"对应只列举了18项。

《国际汉语教学通用课程大纲》由国家汉办、孔子学院总部编制，目的是为"汉语教学机构和教师"在教材编写等方面提供"参考依据和参照标准"。《国际汉语教学通用课程大纲》分五级目标及内容，每一级都设有"文化意识"项，包括文化知识、文化理解、跨文化意识、国际视野四方面，而"文化知识"则着重从以下几个方面表现：

（1）"所在国有关个人使用不同语言的权利"；

（2）"所在国和中国在文化、教育等方面的发展及成就"；

（3）"中国文化中的物质文化部分、节日庆祝"；

（4）"汉语故事、典故中的文化内涵"；

（5）"中国文化中的语言交际功能和非语言交际功能"；

（6）"交际礼仪与习俗"；

（7）"中国文化中的人际关系"；

（8）"华人对所在国的贡献"；

（9）"汉语言文化的发展及其在世界文化大家庭中的地位、贡献和作用"；等等。

"文化知识"所涉内容之广泛，所言知识之宏观，所设标准之高，可以说是教师、学生"终身"学习的目标与任务。

其附录三《中国文化题材及文化任务举例表》，从题材、学习任务、跨文化交际思考问题举例三个方面标出"文化意识"内容（见表2），使"文化意识"具体化。

表2 《中国文化题材及文化任务举例表》的统计表

等级	一级	二级	三级	四级	五级
题材	风俗礼仪、家庭称谓、生肖属相	音乐舞蹈绘画、体育、交通、大众传媒	地理、建筑、教育、风俗礼仪、音乐舞蹈绘画	地理、戏剧、节日、交通、风俗、音乐舞蹈绘画、体育、大众传媒	气候、地理、历史、当代中国、文学戏剧、旅游、风俗、饮食、物产
学习任务	7条任务	9条任务	11条任务	19条任务	24条任务
跨文化交际思考问题举例	9条举例	9条举例	12条举例	17条举例	20条举例

《中国文化题材及文化任务举例表》重交际文化、体验文化，对内容进行分级，有其价值。但因内容庞博，仅以题材大类来简单地划分等级，理据不足；所列题材有重知识性的，有偏实践、体验性的（如音体美），应放在不同的课型中，若要求教师"全能"，可行性不强。

施仲谋《中华文化教学大纲探究》（2014），旨在"全面建构渐进式和系统化的文化学习大纲"，按学生的四个学习阶段制定不同的教学大纲：为初小编写《中华经典启蒙》，高小编写《中华经典导读》，初中编写《中华文化承传》，高中编写《中华文化撷英》。该大纲根据学生不同学习阶段制定不同中华文化内容，希望实现知识的层级性、系统性，这些做法值得我们借鉴。但同样存在着机械地把某一门类整体归列为某一学习阶段的弊病，即以类划分等级过于简单化、片面化，如，把神话故事、民间传说列为初中段，但有些简单内容如《大禹治水》《女娲造人》等可提到小学段；初小的《三字经》《孝经》《治家格言》，高小的"经史子集"，不少内容超出学生的理解力，仅靠一知半解的背诵，难以长久，可适当延后（古人虽小时囫囵吞枣，但大时经过"反刍"，细讲精思，辅以身体力行，自可牢记终身）。我们认为：对文化进行分级是对的，但如何分级，确实需要好好研究。

《汉语与中国文化教学大纲》（汉语国际教育专业），旨在"从文化的视角考察汉语"，"帮助学生准确地把握汉语的性质特点，了解汉语发生发展的历史概况及其文化原因"，从而更好地学习汉语语言。其章目如下：

第一章：绪论；第二章：语音与中国文化；第三章：词语与中国文化；第四章：称谓与中国文化；第五章：人名与中国文化；第六章：地名与中国文化；第七章：熟语与中国文化；第八章：语法与中国文化；第九章：汉字与中国文化；第十章：汉语与民俗文化；第十一章：汉语与宗教文化；第十二章：汉语与民族文化交流；第十三章：汉语与中国文化关系的发展。

此大纲与常敬宇（1995）《汉语词汇与文化》章节内容多同，重在汉语中的文化。

以上研究，让我们思考：文化大纲是举例式地呈现，还是体系性地逐层展开？我们认为，举例设项，则见仁见智，设计者不免囿于学识，避生就熟，呈现出较重的个人色彩，而且排列随机松散，存在为人质疑的"为何开列此项而不是彼条，为何在此等级而不是彼阶段"问题，因此文化大纲的建设应有一个体系性，从而使每个文化点都成为这个整体框架的有机组成部分。

2.《华文水平测试文化大纲》的服务目标

华文水平测试文化大纲（以下简称"文化大纲"）面向的被试是华裔学生。他们对中华文化的认知与二语习得者大有不同：前者对祖籍国文化有感知，很大程度上不属于跨文化；而后者则属于跨文化范畴。考虑到被试群体的文化属性，本文化大纲在传统文化与当代国情方面有较集中的体现，而语言交际所反映的文化内容并不占较大比重。

文化大纲的服务任务是什么？

主要是服务于语言测试，即为语料建设服务。换言之，文化大纲直接服务于听、说、读、写各分项语言技能，为测试选取有关文化的语料提供支持，以考查被试的语言理解能力与语言应用能力。这与以考核文化知识掌握为根本的文化大纲性质不同。现以"长城"文化点为例：

例1：为抵御匈奴，保护边境人民的生命财产，（　　）派蒙恬和公子扶苏把战国时秦国、赵国、燕国的长城连接起来。

这是文化测试题，测试点围绕"长城历史"之"秦代长城"文化点出题，考察被试对这一已学知识的掌握程度。

例2：长城，它西起嘉峪关，东到山海关，原本是一项防御性工程。秦始皇建立秦朝后，为更好地抵御匈奴，就把以前北方各国各自修筑的一段段"长墙"连接起来，加以修理、延长，成了万里长城。后来又有20多个帝王或统治者先后修筑过。明朝是最后一个大修长城的朝代，总长度为8 851.8公里。今天人们所看到的长城多是明长城。新中国成立后，政府多次对部分长城进行维修、加固，如北京的八达岭长城、河北的山海关、甘肃的嘉峪关等。长城现在已经成为各地的著名风景游览区。

测试问题：关于长城，正确的是（　　）。

A. 它是连接起来的"长墙"　　B. 它是为风景游览而建筑　　C. 新中国对它的维修力度最大

这是本文化大纲所致力实现的阅读测试，重在考查学生的阅读理解能力，而不是他们以前的文化知识储备。

因此本文化大纲的基本面貌是：系统性地呈现中华文化知识，并对知识进行分级，以方便华文水平测试语言诸技能测试的语料选取。

3.《华文水平测试文化大纲》的编制原则

3.1 系统性原则

本大纲根据文化自身的本质属性、中华文化的民族特质以及文化传承与革新的关系，进行整体性把握、系统化分类；同时依据学生的认知特点及语言水平，划分为不同的等级，使之成为一个有机的整体。

一是框架结构的系统性。首先是大类的划分，本大纲采用张岱年、方克立主编《中国文化概论》"文化"四分法的观点，分为物质、制度、行为、心态四大类。其次，"大类"下依次设为"小类"—"子类"—"文化点"，"文化点"下列有"内容举例"，上下位之间有着紧密的逻辑关系。如，"物质文化"包括衣、食、用（食用器物）、住、行等五"小类"；"衣"又包括布料、服装、鞋子、帽饰等"子类"；"服装"又包括古代服装、近代服装、当代服装等"文化点"。这一结构从横向上表现出内在的自足性与系统性。

二是内容的体系性。文化项目存在着很多文化结构交叉的现象，例如物质文化必然受到心态文化、制度文化、行为文化的影响，心态文化又与物质创造活动存在着一定的联系。因此在确定文化点时，我们依其主要属性给出恰当"定位"，避免"狡兔三窟"。如"建筑"，既属物质文化，又属制度文化、心态文化，它是人们对地理环境、物质条件、审美风尚、价值观念、社会思潮等综合考量的外化产物，我们在确立文化点时则依据其物质形态的显现形式把它列入"物质文化"的小类中，故在"心态文化"中就不再设项了。这一安排使内容设置更为合理，避免重复与遗漏现象，同时又使结构清晰，从纵向上保证了大纲的内在自足性与系统性。

3.2 开放性原则

本大纲在大类、小类、子类上存在较好的体系性，而在文化点的"内容举例"上则具开放性。原因是文化点内容包含宏阔，难以穷尽，本大纲采取"内容举例"方式，通过示范性举例引导人们举一反三，自我扩充相关内容，实现内容丰富、充实、适宜的效果。如文化点"远古神话"，其"内容举例"列出"盘古开天地、共工怒触不周山、女娲造人、后羿射日"等，实际上我们还可以根据具体情况自选"女娲补天、精卫填海、大禹治水"等。

当然，大纲的开放度主要由目标被试语言水平与"增补"内容的契合度所决定，这需要语料选择者作出恰当的把握。但"内容举例"使本大纲具有了更大的弹性，从而有利于语料择取者发挥主观能动性，这一点确实是显著的。

3.3 针对性原则

本文化大纲是华文测试诸大纲之一，从本质上说它是服务于文化语料选择的一个大纲，服从于语言测试，因此我们要根据华文测试的总体设计、各单项测试的等级标准以及华裔青少年的学习特点，有针对性地确定文化点以及等级分布，从而对语料的选取更具针对性。

如，"心态文化"下有"语言文字"小类，主要针对华裔学生汉字学习的实际而设；"行为文化"部分增加"交际行为文化"小类，主要是检验学生语言交际的实际面貌；在一些"古代**"文化点下并列"当代**"，目的是增强他们对当代中国的了解与认知；同时在中高级阶段有意识地增加教材中较少涉及的制度文化、哲学文化内容，采用形象故事、生动事例加以诠释，以挖掘古老中国的礼仪美、智慧美。如"将上堂，声必扬"，揭示"大声"在古代是一种大方、友善的文明行为，具有提示主人以避免衣衫不整等尴尬举止的作用。通过这些语料，可一定程度上纠正他们"中国人爱大声说话"的文化偏见。

3.4 思想教育性原则

既然是语言测试，自然可通过一些文化类语料考查华裔学生的语言技能，同时，我们也希望能借此"连带"着提高他们对中华文化的认知，对祖籍国的了解、理解。因此我们所确定的文化项目思想内容具有如下特点：其一，观念具有普遍性、现代性特点。它既是中国的，也是世界的；既是古代的，也是当代的，具有恒久的文化意义。其二，观念富有民族特性，能体现民族文化的精髓。其三，内容充满正能量，不选取"负面的东西"，"丑陋的东西不应成为传播的对象"（张英，2010）。其四，摒弃不合时宜的古代文化观念、永远沉睡的"文物"性知识，如某些过时的古代礼制。其五，增加当代中国的内容，如"一带一路"、中国高铁、互联网+等。

思想教育性从根本上说要"服从"于各专项技能测试，所以它不能变成一种政治说教或宣传品。顺其自然的情感表达，积极正面的认识感受，是我们期望的价值取向。

4.《华文水平测试文化大纲》的内容

文化内容与汉语非母语者的学习阶段相关。张英（2009）认为文化因素是"语言教学中的文化教学"内容，文化知识是"对外汉语文化教学"内容，就学习阶段而言，前者更切合初级阶段，后者则适用于中高级阶段。周思源《论对外汉语教学的文化定位》（1997）认为，在初级阶段，文化定位确实基本上表现为"文化因素"或"文化背景知识"，但是目的语学习越往中高层次，其所接触的文化就越不限于"因素"的成分，也不仅以"交际文化"为主。换言之，初级阶段的文化主要是语言中的"文化因素"或"文化背景知识"；而到中高级阶段，"也不仅以交际文化为主"，更多专门文化，即"对外汉语文化教学"的文化知识。可见文化因素、交际文化只是文化教学的部分内容。

所以，文化大纲不能局限在文化因素方面，换句话说，文化因素在华文水平测试文化大纲中所占的比重并不高，因为文化因素主要是隐含在字、词、句中的文化，它不能脱离语音、语法、词汇而独立存在，所以将其更多地置于相应的词汇、语法大纲中较为恰切。

本大纲内容主要是文化知识，也包含某些文化因素。具体包括：

其一，具有本质属性的文化知识，包括物态文化、制度文化、行为文化和心态文化，即具有生命力的中华传统文化知识、观念及其现代化内容（王汉卫等，2014；赵日彰等，2014；李泉，2011）。自然，当代国情的相关内容也分列于四类文化中。

其二，结合语言教学和学习特点而加以细分的内容。（1）在"心态文化"部分专设"汉字"，着重"汉字故事"及其反映的政治经济文化风貌。（2）在"行为文化"部分专设"交际行为文化"，探讨交际行为所遵循的行为规约及其背后的深层文化观念。（3）在"制度文化"中重视揭示语义文化，如透析"席地而坐、主席、酒席、席位"等词汇，了解古人坐、食之礼仪风俗文化，理解古代礼仪制度。

本大纲在内容上希望以更广阔的视野将优秀的中华文化通过具体语料表现出来，既包括物质文化，也包括精神文化；既包纳与语言学习相关的背景文化，也融涵显性特征的文史哲文化。

5.《华文水平测试文化大纲》的框架结构

本文化大纲采取树状结构形式，先"大类"而渐次"小类""子类""文化点"及至最下位的"内容举例"，由总及分，以纲统目，层次分明，相衔相续。张英（2009）说"文化大纲的基本框架应该是一种有主干有分支的'树状'结构而非'线形'结构，即具有可选择性的'开放'形态"，这是可行的。

5.1 文化大纲的根干：大类—小类—子类

文化是"英语语言中两三个最复杂的词语之一"（雷蒙德·威廉斯《关键词》），人们对它的内涵、外延以及结构分层的划分则见仁见智，争议颇大。我们认为，文化应"根据文化自身的本质属性进行分类，然后在这一前提下再参考教学或学习的特点和需要进行再分类"（许嘉璐《语言与文化》），因此本大纲在文化的大类上采用了影响较大的四分法：物质文化、制度文化、行为文化和心态文化，再进而分出小类、子类。若以"树"的构造为比喻，则文化的4"大类"为树根，21"小类"为树干，101"子类"为枝干。详见表3：

表3 文化大纲"大类—小类—子类"表

大类	小类	子类（文化点数量）
物质文化	服饰	布料（1），服装（3），鞋子（1），帽饰（1）
	饮食	饮食观念（2），菜式（9），主食（2），小吃（1），茶（10），酒（4），中国饮食的全球化（3）
	器用	木（草）质器用（1），金属器用（1），陶瓷（11）
	建筑	宫殿（2），民居（1），军事建筑（1），陵墓与祭祀场所（2），宗教建筑（1），文化体育建筑（2），商业建筑（1），园林（5）
	交通	公路（2），铁路（1），水路（2），航空航天（3），信息传递（2），物资流动（2）
制度文化	宗法制度	宗法制度的确立（2），宗法制度的影响（2）
	姓氏制度	姓氏的产生与确定（2），名字的确定（1）
	婚姻家庭制度	婚姻观念（2），婚姻形态（2），婚姻功能（1），婚礼习俗（2），婚姻美满的典范（2），家庭观念（2），家庭生产（2），家庭教育（2）
	经济制度	土地制度（2），经济模式（4），资源的保护与开发（5），对外经济（2）
	政治制度	疆域（3），人口（4），基本政治制度（2），中央行政制度（2），地方行政区域制度（2），官员选拔制度（4）
	民族与对外交往制度	民族制度（5），对外交往（2）
	学校教育	教育观念（2），办学形式（3），教育内容（4）
	礼仪制度	祭祀（2），礼器（1），人生礼仪（1），学校礼仪（2），生活礼仪（1）
行为文化	民俗行为文化	传统历法与节日（8），当代节日（4），生活民俗（2），游艺民俗（1），民间观念（2）
	交际行为文化	言语（8），体态（4），态度（5），表达方式（2）
心态文化	思想观念	世界观（3），价值观（3），伦理道德观（1）
	语言文字	国家通用语（1），汉语方言（2），汉字的发展历史（2），汉字的文化及应用（3）
	文学	古代文学（38），现当代文学（17），民间文学（6），儿童文学（6）
	历史	先秦（9），秦汉（8），三国魏晋南北朝（4），隋唐（4），宋元（6），明清（3），近现代（10）
	古代哲学与宗教	儒家（9），道家（4），墨家（3），法家（3），兵家（3），原始信仰（3），道教（3），佛教（6）
	艺术	音乐（5），戏曲（5），书法（4），绘画（4），雕刻（4）

从上表可见：（1）下位的类别能较全面地体现上位的基本内容。如，小类"思想观念、语言文字、文学、历史、古代哲学与宗教、艺术"之于大类"心态文化"，就体现了这一特点。子类"儒家，道家，墨家，法家，兵家，原始信仰，道教，佛教"8门，则较为完备地表现了"古代哲学与宗教"内容。可以说，从框架结构上，本大纲具有以大统小的整体特点。（2）在同类别并列项的排列上，大纲或以历史的先后为序，如"历史"以及古代文学、现当代文学；或者按照先整体再个体、先抽象再具体的顺序，如婚姻家庭制度，先列"婚姻观念，婚姻形态，婚姻功能"等观念制度文化，再到"婚礼习俗，婚姻美满的典范"等较为具体的表现形态。总之，大纲十分重视内容的完整性、体系性，以及排列次序的逻辑性、合理性。

5.2 文化大纲的分枝：370个文化点

5.2.1 文化点的呈现

如果把文化的"大类—小类—子类"比作树根、树干和枝干，"文化点"就是它生发的树枝。本大纲蓬勃而生370个文化点，虽称作"点"，其实则具有"类"的特征（见表4），属于"集合概念"。如"当代饮食观念"，它包含"注重营养与原汁原味，重视健康与养生，关注食品安全等"若干文化项。又如文化点"传统布料"，它还包含着"丝绸""棉布"等文化项。再如文化点"李白"、《西游记》，虽为具体的作家、作品，但下设若干文化要素：名篇名句、著名情节、人物形象等。总之，文化点隐含了若干个文化项，我们可参考"内容举例"进行联系、扩展与延伸。

表4 文化点的呈现样例

序号	大类	小类	子类	文化点
7	物质文化	饮食	饮食观念	传统饮食观念
8	物质文化	饮食	饮食观念	当代饮食观念
9	物质文化	饮食	菜式	鲁菜
10	物质文化	饮食	菜式	川菜
11	物质文化	饮食	菜式	粤菜
12	物质文化	饮食	菜式	湘菜
13	物质文化	饮食	菜式	苏菜
14	物质文化	饮食	菜式	闽菜
15	物质文化	饮食	菜式	浙菜
16	物质文化	饮食	菜式	徽菜
17	物质文化	饮食	菜式	非著名菜系之特色菜肴
18	物质文化	饮食	主食	特色面食
19	物质文化	饮食	主食	特色米食
20	物质文化	饮食	小吃	特色小吃

5.2.2 文化点的确定原则

（1）以中外文化的比较为横坐标，以中国文化的古今联系为纵坐标，二者交相参量，构成了本大纲文化点确定的主坐标。

"中外文化的比较"指以中国文化为主体，以外国文化为参照，"寻找"中国文化的独特点，如丝绸等"传统布料"，饺子等"特色面食"，春节等"传统节日"，陶瓷等"日常器用"，高铁、移动支付等"当代交通与物流"，皆为此类。而西服、运动鞋等不具中国特色，故不选入。

"中国文化的古今联系"重在探讨中华文化的生命力。具体表现为：①传统文化生生不息，历经演替，青春依然，甚至被赋予时代活力。如"传统饮食"，不但在当代历久弥新，而且享誉海外；古代"天下大同"世界观，在当代发扬光大而成为"构建人类命运共同体"；古代的丝绸之路，当代拓展为"一带一路"；《三字经》《弟子规》等古代教育经典，今天仍然在人们的道德教育、行为规范中发挥着一定的作用。②欲了解当代文化，就要先寻其本根、探其本源。一些当代文化观念、行为不是从天而降的，而是对古代文化损益或嬗变的结晶，所以了解古代文化是更好认识当代文化的正确方式。如中国人"重亲情，讲关系；讲上下，重尊卑"观念，与古代重视"宗法制度"关系甚大，所以在高级阶段安排一些制度、思想观念内容，于华裔学生感受文化、学习语言不无益处。

（2）对照中国古今文化的显著差异，以彰显社会的发展，时代的变迁，国家的进步。如子类"公路"下，列有"古代公路"与"现代公路"两文化点；"对外交往"下，列有"古代的对外交往"与"当代的对外交往"。自然，文化点的设立是根据实际情况，没有机械地一刀切地进行古今对照，对于古有今无、古无今有者，则存"有"阙"无"。如"铁路"，古无今有，而且在中外对比中"中国高铁"也是独树一帜，其作为中国名片的价值不容忽视，故列出"现代铁路"一项。

（3）对历史、文学、哲学部分，择取重要历史人物、重大历史事件、优秀科技成就与文明成果，主要作家、作品、人物形象、著名故事（神话、寓言等），主要哲学流派、哲学家及其思想等内容设点，依照内容具有知识性、趣味性、思想性、审美性的标准取舍。

5.3 文化大纲的茂叶：内容举例

枝繁叶茂是树木旺盛的表征。"内容举例"即是"大类—小类—子类—文化点"生发的"茂叶"，是其生命力或价值的具体体现。它以举例的形式展示"文化点"，既可给人以明确的知识指引，又可给人以启示性，使人推而广之，触类旁通，拓展出更大空间。现以"交通"部分为例，见表5：

表 5 文化大纲的文化点"内容举例"样例

序号	大类	小类	子类	文化点	内容举例	等级
71	物质文化	交通	航空航天	古代飞天梦想	1.神话中的飞天：嫦娥奔月、敦煌飞天壁画等。2.飞天的"参照物"：木鸟、风筝等。3.飞天壮举：明代万户飞天。	三—五
72	物质文化	交通	航空航天	现代航空	1.中国近代航空第一人：冯如。2.当代国产大型客机：C919。	四—六
73	物质文化	交通	航空航天	现代航天	1.当代太空探索：神舟系列载人飞船、天宫二号空间实验室、探月工程等。2.重要时刻：杨利伟乘"神舟五号"载人飞船进入太空、"神舟十三号"载人飞船发射成功等。3.航空员的太空生活。4.中国航天的浪漫命名。	五、六
74	物质文化	交通	信息传递	古代信息传递	1.传递的方式：驿传与驿站、飞鸽传书、烽火与狼烟等。2.传说与故事："一骑红尘妃子笑"、苏武鸿雁传书、柳毅传书等。	四、五
75	物质文化	交通	信息传递	现代信息传递	1.信息技术：互联网+、微信、面部识别、物联网等。2.手机制造：华为、小米、VIVO、OPPO等。3.国家前沿技术：北斗卫星导航系统、中国"天河二号"超级计算机。	四—六
76	物质文化	交通	物资流动	古代物流	1.运输工具：车、木舟、马等。2.运输道路：丝绸之路、茶马古道、京杭大运河等。3.第三方物流：镖局、驿站。	四—六
77	物质文化	交通	物资流动	现代物流	1.表现形式：电子商务、网购、移动支付（支付宝、微信支付等）等。2.杰出代表：淘宝、京东、顺丰速运、圆通速递等。	四、五

从上表可看出，"内容举例"重视文化的完整性与代表性，尽量避免碎片化现象；突出内容的知识性与适用性，尽量摒弃堆积式的条目排列。

6. 文化点的分级

本大纲参考王汉卫（2016），将文化点的等级定为六级，分别是一级（学龄前）、二级（小一小二）、三级（小三小四）、四级（小五小六）、五级（初中）、六级（高中）。

6.1 进行分级的原因

原因主要有：（1）根据学生的认知特点，一些文化点的学习阶段一定程度上存在着先后之别。（2）内容本身存在难易度之分。即便同一文化点，因文化要素本身及相关表达词汇之间所存在的难易度不同，以致等级有高低之异。如"建筑类——祭祀场所"之"天坛"，暨南大学版《中文》选为小学四年级，马立平《中文》则选为七年级，前者介绍了回字形结构、回音壁等内容，后者主要通过天坛的颜色文化、空间文化、数字文化等来揭示中国古人的时空观念、天人合一思想，二者的内容相差甚大，等级自然有变。（3）文化点分级为使用者提供更多的参数，更方便语言测试确定文化点的相关语料。

6.2 等级的划分依据

（1）综合衡量目标被试的认知水平、语言水平、文化点的难易度、语料的呈现形式等多种因素，确定等级。

①目标被试的认知水平是划分"文化点"的首要标准。如"陶瓷"，无论实物还是相关文字介绍，华裔在小学阶段都甚少接触，而到初高中才有所了解，故定级为五、六。"春节"则不同，很多学生从小就有节日体验、文字学习，如听过"年的故事"，过春节亲身感受"春节习俗""春节喜忌"等，初中毕业则基本了解了春节文化，故定级为一至五。如"思乡情结"，其知识或道理并不难，但"少年不识愁滋味"，小学生并无此生活与情感体验，故定其等级为初中、高中阶段。

②文化点或文化项本身的难易度，这是由其所反映的思想内容所决定的。一般而言，行为文化（节日民俗，以及问候、称谓等交际行为）、姓氏文化，儿童文学、民间文学等内容相对容易些，而制度文化、心态文化（思想观念、古代文学、现当代文学、哲学、艺术）等相对难些。我们分级时可适度参考文化点的"类"属难易度。

有些知识点的内容涉及面广，难易跨度大，适合于不同层级的学生学习，如"哲学——儒家——孔子"，内容涉及孔子基本介绍、著名故事、基本思想学说、名言名句、思想体系及对后世影响等，故定其等级为一至六；《西游记》也包含广泛，其等级则为一至五（因不考原文，故未含六级）。总之，分级不能教条地依据"类"，不可唯"类"是从，应针对具体内容划分。

③词汇的等级，尤其是呈现文化点内容的"关键词汇"等级，也是考量要素。如"当代服装：新式唐装，旗袍等"，其"关键词汇"有样式（四级）、中国元素（五级）、刺绣（五级）、旗袍（六级）、场合（四级）等，因此定级为四至六。又如"川菜：麻婆豆腐、宫保鸡丁、鱼香肉丝"，其"关键词汇"有豆腐（二级）、麻辣（四、三级）、切（五级）等，故定级为三至五。

需要说明的是，有些如饮食类、建筑类的文化点，目标被试对此"物"并不陌生，认知并不难，或见过或吃过，但用语言表达时，其关键词汇的难度较高，故其等级较高。如"园林"类建筑，所涉建筑布局、风格特点、审美观念等话题的词汇大都艰深难懂，故多定为四至六级。

④文化语料的呈现方式对等级划分有直接影响。相对而言，采用故事性的呈现方式或叙事性文体，

理解难度会低一些；采用说明、议论等方式，则难度高一些。如"地方行政制度——古代政区"的内容举例"分封制"，若采取一般性知识介绍，则抽象枯燥，呆板无趣，理解有难度，故等级定为五、六级；如通过周成王"桐叶封弟"的故事来阐明分封制的内涵，则活泼有趣，浅显易懂，等级可定为四级。再如"航空航天"类内容，若以"嫦娥奔月""明代万户升天"故事来表现古人飞天梦想，则语料浅易；若介绍"神舟系列载人飞船""探月工程"，则较为深奥。

当然，由于文化大纲不能"绑定"其呈现形式，这就一定程度上给分级带来了不确定性，因此把文化点设定在某个等级范围内是可取的。而这种不确定性就要求我们的教师尽量完善自己的文化知识结构，根据学生的学龄、认知等情况选择恰当的表现方式，多元化地展现该文化点的内涵。

（2）参考现有教材文化点的使用及分布情况。

文化点的分级除了要细致考量以上"内在"因素，还要适度参酌现有中小学教材尤其是华文教材的文化点"外在"表现，以期更加全面地衡定文化点的等级。

① 文化点的数量统计。所统计的教材共10套，其中华语教材7套，分别是印度尼西亚《千岛华语》（11册）、菲律宾《华语》（20册）、新加坡《华文》（18册）、马来西亚《华文》（11册）、马立平《中文》（8册）、暨大版《中文》（18册）、北京华文版《汉语》（18册）；对外汉语教材1套，为北语版《汉语阅读教程》（一年级3册）；国内教材2套，分别是人教版中小学《语文》（18册）、苏教版小学《语文》（12册）。

统计发现（详见表6）：一是10套教材总共有文化点167个，占本大纲文化点的45%。这说明我们所统计的教材有很好的代表性，能反映一定的文化信息；也可以说，本大纲的文化点设置较为理想：既没有脱离教学实际，有很好的覆盖面，同时又不受限于教材，有较大"自主"空间，为语料的选择提供了自由度。

表6 教材中文化点与本大纲文化点的比对

教材	文化点（占本大纲文化点的百分比）	内容举例
十套教材	167个（45%）	418
个案：暨大版《中文》	64个（17.3%）	88

二是很多教材的文化点数量很少。以文化点选取较多的暨大版《中文》（18册）为例，其共有64个文化点，占本大纲的17.3%。可见，仅统计某一套教材的文化点确实对分级的参考价值不大。

② 教材文化点的分布情况。167个文化点在10套教材中的分布颇为复杂。情况如下：一是有些文化内容为多套教材选用，从大类上说，使用较为集中的文化点有物质文化的饮食、中国"世界文化遗产"类建筑，制度文化的古代对外交往，行为文化的节日，心态文化的传统美德、寓言、典故与成语故事、四大古典小说、民间传说，以及历史中的四大发明，等等。二是有些文化点仅出现于一本教材中，约占30%。如"川菜"，仅马立平六年级《中文》选取。三是同一文化点在不同教材的使用年级较为一致，约

占20%，如"古代宫殿——故宫"，分布于新加坡中学《华文1B》、马立平《中文》、人教版《语文》中，都在七、八年级。而使用年级差异稍大的，约占50%，如"人物传说——鲁班"，分布于苏教版《语文》一下、人教版《语文》二下、暨大版《中文》二上、马立平《中文》三年级、《汉语》四下、《千岛华语》五上，在一、二、三、四、五年级不等。然而细加分析，抛开母语背景、具体编选内容有异这些因素，透过表象我们就不难发现使用年级基本在三年级上、下"波动"这一本质。鲁班故事，有的写"锯是怎么发明的"，有的讲"鲁班和橹板"故事，有的记"鲁班造雨伞"故事，内容不同，各书阶段有参差，但核心内容基本都在三年级这一阶段。这就说明：若能理清文化点的基本内容或许能给它一个较为准确的定级，换言之，文化点是可以衡定在某一等级范围内，教材中的文化点分布可为本大纲分级提供参考指数。

总之，在评定文化点的等级时，参互考量"被试—文化点内涵—文本呈现—教材"等各个要素，对于我们准确划定文化点等级十分重要。

6.3 分级面貌

本大纲根据具体的"内容举例"，分文化点为六级。详见表7：

表7 文化大纲各级对应的文化点数量

分级	一级	二级	三级	四级	五级	六级
总数	28	40	111	260	304	174

需要说明的是：

（1）一、二、三级的文化点数量较少，大多是一般交际话题；四至六级的数量较多。其中，五、六级大多是词汇等级高、蕴含深奥道理的内容，如制度文化、心态文化。

（2）前已言明，文化点有些具有"类"的属性，故在分级上或为单一等级，或为多个等级（见表8），这就是表7的一至六级总数多于370的原因。

表8 文化点与大纲等级的对应关系

单一等级的文化点			两个等级的文化点			三个等级的文化点				四个等级的文化点			五个等级的文化点		六个等级的文化点
四级	五级	六级	三、四级	四、五级	五、六级	一—三级	二—四级	三—五级	四—六级	一—四级	二—五级	三—六级	一—五级	二—六级	一—六级
4	10	16	20	85	98	6	7	37	64	11	4	11	7	1	3
30			203			114				26			8		3

7. 语料与文化点的对接

文化大纲所列文化点以及内容举例，最终要以语料的形式实现向测试文本的转变，即华文水平测试文化大纲是为语言测试选取文化语料服务的，基于此，我们明确：

（1）文化语料所涉及的文化不是考查点，被试对文本本身的语言理解能力才是测试本意，比如"神农氏发现茶"的传说故事，我们不探讨被试对茶历史、分类、功用等知识的认知。

（2）本大纲的文化点不等同文化词汇，它将以语段、语篇的形式"华丽转身"到考试文本中。如"我喜欢喝茶"一句中"茶"属于词汇范畴，归在词汇大纲部分；而关于为什么"我喜欢喝茶""喝茶的好处"等文本，才是本大纲文化点所指向的内容。

（3）文化点常以背景知识的形式现身，也有以主题的形式出现，但归根到底都以语言水平测试为根本。如据《广州日报》2016年1月12日《露牙齿有酒窝，菩萨此笑所为何》修改的文本：

双手合掌，细目长眉，脸带微笑，露出牙齿，有一对酒窝。这是一尊十分罕见的露齿菩萨石刻像，它藏在云冈石窟的一个洞窟中千余年，直到最近，人们从摄影展览的照片中见到了它的模样，引起了众人的关注。

世界遗产云冈石窟位于大同城西16公里，距今已有1 500余年的历史，现存主要洞窟45座，大小造像51 000余尊。这个微笑露齿的菩萨佛像"住在"第8窟，像高约2米，距地面约六七米。

该摄影作品的作者张海雁说，早在上世纪90年代他就注意到了这尊露齿菩萨像，但由于光线暗，当时并没有看到脸上的两个小酒窝。而在2014年拍摄中，他费了很大劲儿，因为佛像离地面高、石窟里面光线暗，不好拍摄，所以他就自己花了三四天时间搭好木架，准备了人造光源，找到了合适的角度，最终拍出了这张完美的作品。

"云冈石窟石刻的露齿菩萨比华严寺的彩塑露齿菩萨早500多年。彩塑的露齿菩萨华贵，而石刻的露齿菩萨更质朴，但她们都打破了中国古代女子'笑不露齿、行不露足'的传统观念，看起来活泼、可爱。"张海雁说。

这段语料，属于本大纲的"佛教——石窟——云冈石窟"文化点，重在新发现的露齿菩萨石刻像，兼及云冈石窟介绍，最后讲到传统观念中的女子言行举止，语料自然活泼，清新有趣。此段文本就是文化点"云冈石窟"所希望呈现的测试初始文本形态。

下面重点谈谈文化点如何以语料形式完成向测试文本的转化。

（1）依据认知年龄确定文化题材。如一至四级重在"语言中的文化"及趣味性故事类内容，五、六级适当增多说明类、议论类文化主题。我们确实不能简单地将文化点的等级与语料的难度等级画等号，这需要对文化点等级、学生认知水平、语言水平等要素进行综合评定。

（2）注重知识的可读性。文化语料不是为了考核文化知识，所以可通过活泼多样的形式表现文化的某一侧面，突出知识的趣味性，而不必面面俱到地叙述该知识。如节日风俗中的"鞭炮为什么又叫爆竹"，生活禁忌中的"为什么不能在碗里插筷子"，等等，都是趣味性、知识性兼具的话题。

（3）重视揭示文化观念。学生"超越中国文化产物以及习俗的知识性学习，从而理解透过这些文化表象反映出来的中国式的世界观"（娄毅，2006），是可取的。透过文化表层、表象深入到文化观念中去，这一认识对文化大纲的建设及测试文本的择取颇有启发。如故宫方位与色彩关系所反映的五行观念，天坛的数字及其文化，这些都是人们对于宇宙自然、社会生活深层认识的现实投射。

（4）重视文化词汇背后的政治、经济等文化因素。如"靠山"（而非"靠水"）一词所反映的古人的地理风水观念，"简、典、册、删"与"韦编三绝"所反映的竹简时代及其文化。这些内容都很好地揭示了语言与文化的深层关系，对于被试学习语言有所裨益。

文化语料纷繁多样，颇有"乱花渐欲迷人眼"的意味，只要我们把握住"语言中的文化"问题，以及中国文化知识与观念、文化传统的延续与变革关系，就能很好地完成语料与文化点、内容举例的有效链接，达到服务语言测试的目的。

参考文献

毕继万，张德鑫.对外汉语教学中语言文化研究的问题.语言文字应用，1994（2）：40—46.

常敬宇.汉语词汇与文化.北京：北京大学出版社，1995.

陈光磊.语言教学中的文化导入.语言教学与研究，1992（3）：19—30.

陈光磊.从"文化测试"说到"文化大纲".世界汉语教学，1994（1）：25—29.

陈光磊.关于对外汉语课中的文化教学问题.语言文字应用，1997（1）：25—28.

陈月明."语言与文化"研究的几个理论问题.汉语学习，1993（2）：29—34.

董树人.也谈对外汉语教学中的文化教学——兼及《说汉语谈文化》.世界汉语教学，1995（2）：50—52.

傅琪.跨文化交际能力培养的层次性在对外汉语文化教材中的体现.北京大学硕士学位论文，2012.

顾嘉祖.语言与文化——永恒的跨学科研究课题.外语研究，1998（4）：6—9.

郭熙主编.华文教学概论.北京：商务印书馆，2007.

郭熙.对海外华文教学的多样性及其对策的新思考.语言教学与研究，2013（3）：1—6.

国家汉办、孔子学院总部.国际汉语教学通用课程大纲.北京：外语教学与研究出版社，2010.

汉语与中国文化教学大纲（汉语国际教育专业）.网络版.

胡明扬.对外汉语教学中的文化因素.语言教学与研究，1993（4）：103—108.

教育部中外语言交流合作中心.国际中文教育用中国文化和国情教学参考框架.北京：华语教学出版社，2022.

黎天睦．现代外语教学法：理论与实践．北京：北京语言学院出版社，1987．

李枫．对外汉语教学文化因素处理的阶段性划分．语言教学与研究，2010（4）：12—16．

李嘉郁．对华文教育中文化问题的几点认识．海外华文教育，2002（2）：72—78．

李嘉郁．论华文教育的定位及其发展趋势．华侨华人历史研究，2004（6）：18—22．

李泉．文化内容呈现方式与呈现心态．世界汉语教学，2011（3）：388—399．

李晓琪．对外汉语文化教学研究．北京：商务印书馆，2006：229，389．

林国立．对外汉语教学中文化因素的定性、定位与定量问题刍议．语言教学与研究，1996（1）：100—107．

林国立．构建对外汉语教学的文化因素体系——研制文化大纲之我见．语言教学与研究，1997（1）：18—29．

林珍华．对外汉语文化教材研究述评．海外华文教育，2009（4）：66—70．

娄毅．关于AP汉语与文化教材文化内容设计的几点思考．语言文字应用，2006（S1）：93—98．

卢伟．《乘风汉语》的中国文化教学研究．刘颂浩主编《乘风汉语》教学设计与研究．北京：世界图书出版公司北京公司，2005．

鲁健骥．对外汉语教学基础阶段处理文化因素的原则和做法．语言教学与研究，1990（1）：37—46．

吕必松．在对外汉语教学中的定性、定位、定量问题座谈会上的发言．世界汉语教学，1995（1）：17—24．

施仲谋．中华文化教学大纲探究．世界汉语教学学会通讯，2014（3）：19—22．

王汉卫，黄海峰，杨万兵．华文水平测试的总体设计．华文教学与研究，2013（4）：84—89．

王汉卫，凡细珍，邵明明等．华文水平测试总体设计再认识——基于印尼、菲律宾、新加坡的调查分析．华文教学与研究，2014（3）：45—52．

王汉卫．华文水平测试（HSC）的基本理念．语言战略研究，2016（5）：58—65．

王学松．对外汉语教学中文化教学的层次．北京师范大学学报（社会科学版），1993（6）：81—84．

魏春木，卞觉非．基础汉语教学阶段文化导入内容初探．世界汉语教学，1992（1）：54—60．

邢志群．试论汉语语言、文化的教学体系．世界汉语教学，2010（1）：93—102．

许光华主编．中国文化概要．汉语大词典出版社，2002．

许嘉璐．语言与文化．中国教育报，2000-10-17．

许嘉璐．什么是文化？——一个不能不思考的问题．中国社会报，2006-6-2．

杨国章．文化教学的思考与文化教材的设计．世界汉语教学，1991（4）：237—239．

张岱年．中国文化的基本精神．齐鲁学刊，2003（5）：5—8．

张岱年，方克立主编．中国文化概论．北京：北京师范大学出版社，2004．

张英．对外汉语文化教材研究——兼论对外汉语文化教学等级大纲建设．汉语学习，2004（1）：

53—59.

张英．对外汉语文化因素与文化知识教学研究．汉语学习，2006（6）：69—95.

张英．"对外汉语文化大纲"基础研究．汉语学习，2009（5）：93—100.

张英．对外汉语文化教学的基点与视角．第十届国际汉语教学研讨会论文集·沈阳，2010：500—505.

张占一．汉语个别教学及其教材．语言教学与研究，1984（3）：57—67.

张占一．交际文化琐谈．语言教学与研究，1992（4）：96—114.

赵宏勃．对外汉语文化教材编写思路初探．语言文字应用，2005（S1）：69—71.

赵日彰，蔡雅薰，郭伯臣，林振兴．基于语言知识模式之汉语交际能力评量研究．华文教学与研究，2014（3）：53—64.

赵炜．近三十年对外汉语文化大纲研究述评．华文教学与研究，2020（2）：71—77.

赵贤洲．文化差异与文化导入论略．语言教学与研究，1989（1）：76—83.

赵贤州．关于文化导入的再思考．语言教学与研究，1992（3）：31—39.

周思源．"交际文化"质疑．汉语学习，1992（4）：44—49.

周思源．论对外汉语教学的文化定位．周思源主编．对外汉语教学与文化．北京语言文化大学出版社，1997：1—15.

周小兵，罗宇，张丽．基于中外对比的汉语文化教材系统考察．语言教学与研究，2010（5）：1—7.

周小兵，谢爽，徐霄鹰．基于国际汉语教材语料库的中华文化项目表开发．华文教学与研究，2019（1）：50—58，73.

H. H. Stern．语言教学的问题与可选策略．上海：上海外语教育出版社，2000.

华文水平测试文化大纲

> **文化条目**
>> 物质文化
>> 制度文化
>> 行为文化
>> 心态文化

> **文化点检索一：文化分类检索**
> **文化点检索二：音序检索**

文化条目

【说明】

① "一、物质文化"至"四、心态文化",表示文化的四大类:物质文化、制度文化、行为文化、心态文化。文化点以此为纲进行设目。

② 为方便读者检索文化点,本大纲在每一大类名称下、文化点列项前,各列一表(表1、表2、表3、表4),包含了该大类的全部文化点。

③ "(一)服饰""(二)饮食""(三)器用"等,表示小类。余仿此。

④ "【布料】传统布料 三、四、五级"等,"【】"中信息"布料"表示子类,"传统布料"为文化点,"三、四、五级"是等级范围。余仿此。

⑤ "文化点"下为该文化点的"内容举例",少则1条,多则10条,依具体内容而定。

⑥ 为便于使用,本大纲提供两种文化点检索方法:文化分类检索法、音序检索法。

一、物质文化

表1 "物质文化"类的"文化点"列目

大类	小类	子类	文化点	序号
物质文化	服饰	布料	传统布料	1
		服装	古代服装、近代服装、当代服装	2—4
		鞋子	传统鞋子	5
		帽饰	传统帽饰	6
	饮食	饮食观念	传统饮食观念、当代饮食观念	7、8
		菜式	鲁菜、川菜、粤菜、湘菜、苏菜、闽菜、浙菜、徽菜、非著名菜系之特色菜肴	9—17
		主食	特色面食、特色米食	18、19
		小吃	特色小吃	20
		茶	茶的历史、茶的功用、茶的传播、茶艺、绿茶、花茶、乌龙茶、红茶、白茶、黑茶	21—30
		酒	酒的历史、白酒、黄酒、有关"酒"的典故	31—34
		中国饮食的全球化	外国饮食的输入、中式快餐的成长、中国饮食在海外的当地化	35—37
	器用	木(草)质器用	木质生活器用	38
		金属器用	金属生活器用	39
		陶瓷	陶器的历史、原始陶器、唐三彩、瓷器的历史、定窑、汝窑、哥窑、钧窑、官窑、景德镇窑、外销瓷	40—50

续表

大类	小类	子类	文化点	序号
物质文化	建筑	宫殿	古代宫殿、现代会堂	51、52
		民居	传统民居	53
		军事建筑	防御工程	54
		陵墓与祭祀场所	陵墓、祭祀场所	55、56
		宗教建筑	寺庙与道观	57
		文化体育建筑	当代文化景观与场所、当代体育建筑	58、59
		商业建筑	当代商业建筑	60
		园林	古代皇家园林、古代私家园林、现代城市综合公园、现代动物园、现代植物园	61—65
	交通	公路	古代公路、现代公路	66、67
		铁路	现代铁路	68
		水路	古代水路、现代水路	69、70
		航空航天	古代飞天梦想、现代航空、现代航天	71—73
		信息传递	古代信息传递、现代信息传递	74、75
		物资流动	古代物流、现代物流	76、77

文化点、等级及内容举例，具体如下：

（一）服饰

1.【布料】传统布料　三、四、五级

　　面料：丝绸、棉布（如蓝印花棉布、大红花棉布）、锦缎等

　　传统色彩：受阴阳五行影响，具有等级性

2.【服装】古代服装　四、五级

　　样式：汉服、唐服、马褂等

　　装饰：刺绣、盘扣等

　　代表性服装：西汉素纱禅衣、南宋深烟色牡丹花罗背心等

　　独特的审美风尚

3.【服装】近代服装　三、四、五级

　　样式：中山装、旗袍、长袍马褂等

　　文化内涵与审美特征

4.【服装】当代服装　四、五、六级

　　样式：新式唐装、旗袍等

　　颜色：红色、蓝色、浅绿色、紫色等；中国红、青花瓷等中国元素

图案：锦上添花、龙凤呈祥、喜鹊登梅、凤穿牡丹、福禄寿喜、吉祥八宝等

装饰：刺绣、织纹等

独特的审美风尚

5.【鞋子】传统鞋子　三、四级

种类：草鞋、布鞋（虎头鞋、绣花鞋）等

"虎头鞋"等寄寓的文化内涵与审美风尚

6.【帽饰】传统帽饰　二、三、四级

帽子种类：冠、冕、巾、弁

官帽：进贤冠、乌纱帽

儿童帽饰：兔耳帽、虎头帽

"兔耳帽"等寄寓的文化内涵与审美风尚

（二）饮食

7.【饮食观念】传统饮食观念　五、六级

包括：烹饪调和、注重色香味形等

八大菜系及其形成

8.【饮食观念】当代饮食观念　四、五级

包括：注重营养与原汁原味，重视健康与养生，关注食品安全，等等

当代菜品创新

9.【菜式】鲁菜　四、五级

著名菜肴：德州扒鸡、糖醋鲤鱼、葱烧海参等

德州扒鸡等著名菜肴来历

菜系特色

10.【菜式】川菜　三、四、五级

著名菜肴：麻婆豆腐、宫保鸡丁、鱼香肉丝、夫妻肺片等

麻婆豆腐、宫保鸡丁、夫妻肺片等著名菜肴来历

菜系特色

11.【菜式】粤菜　四、五级

著名菜肴：烤乳猪、梅菜扣肉、白切鸡等

烤乳猪等著名菜肴来历

菜系特色

12.【菜式】湘菜　四、五级

著名菜肴：东安子鸡、金鱼戏莲、剁椒鱼头等

东安子鸡等著名菜肴来历

菜系特色

13. 【菜式】苏菜 四、五级

    著名菜肴：松鼠鳜鱼、盐水鸭、西瓜鸡等

    松鼠鳜鱼、盐水鸭等著名菜肴来历

    菜系特色

14. 【菜式】闽菜 四、五级

    著名菜肴：佛跳墙、荔枝肉、福州鱼丸等

    佛跳墙、荔枝肉等著名菜肴来历

    菜系特色

15. 【菜式】浙菜 三、四、五级

    著名菜肴：东坡肉、西湖醋鱼、宋嫂鱼羹等

    东坡肉等著名菜肴来历

    菜系特色

16. 【菜式】徽菜 四、五级

    著名菜肴：火腿炖甲鱼、方腊鱼、虎皮毛豆腐等

    方腊鱼等著名菜肴来历

    菜系特色

17. 【菜式】非著名菜系之特色菜肴 三、四、五级

    著名菜肴：北京烤鸭、涮羊肉、火锅等

    北京烤鸭、涮羊肉等著名菜肴来历

    菜肴特色

18. 【主食】特色面食 一、二、三、四级

    面食种类：饺子、油条、包子、馒头、面条等

    著名面食：兰州拉面、山西刀削面、北京炸酱面、武汉热干面、天津狗不理包子等

    兰州拉面、天津狗不理包子等著名面食来历

    各类面食特点

19. 【主食】特色米食 三、四级

    著名米食：云南过桥米线、扬州炒饭、桂林米粉、宁波汤圆、八宝粥等

    云南过桥米线、扬州炒饭等著名米食来历

    米食特色

20.【小吃】特色小吃 三、四级

著名小吃：臭豆腐、麻辣烫、羊肉串等

臭豆腐、羊肉串等特色小吃来历

小吃特色

21.【茶】茶的历史 三、四、五、六级

神农氏发现茶的传说

唐代"茶圣"陆羽创作《茶经》

宋代有"斗茶""献茶"的饮茶习俗等

22.【茶】茶的功用 三、四、五级

解毒、保健、解渴

烹制美食（茶叶蛋等）

订婚礼物

"吃讲茶"的评理功能等

23.【茶】茶的传播 四、五级

"茶"的两种读音：cha，tea

两种说法：一种是由海上丝路的两个传播路线所致：广州（粤语"茶"发音为"cha"），厦门（闽南语发音为"te"）；另一种是陆上丝路所到之处及东亚都读"cha"，海上丝路所及都读"tea"

24.【茶】茶艺 四、五级

沏茶前的准备

沏茶的步骤

沏茶的讲究

文化链接：中国茶艺与日本茶道的同异

25.【茶】绿茶 三、四级

品种：西湖龙井、碧螺春、六安瓜片、日照绿茶等

品质特性

西湖龙井、碧螺春等名茶的传说

26.【茶】花茶 四、五级

品种：茉莉花茶、玫瑰花茶、桂花茶等

品质特性

茉莉花茶等名茶的来历

27. 【茶】乌龙茶　四、五级

　　品种：铁观音、大红袍、凤凰水仙等

　　品质特性

　　铁观音、大红袍等名茶的传说

28. 【茶】红茶　四、五级

　　品种：祁门红茶、苏红、滇红等

　　品质特性

　　祁门红茶等名茶的来历

29. 【茶】白茶　四、五级

　　品种：福鼎白茶、云南景谷大白茶等

　　品质特性

　　福鼎白茶等名茶的传说

30. 【茶】黑茶　四、五级

　　品种：四川边茶、安徽古黟黑茶、陕西泾阳茯砖茶等

　　品质特性

　　边茶等名茶的来历

　　文化链接：特种茶类"普洱茶"

31. 【酒】酒的历史　五、六级

　　酒产生的几种说法

　　中国白酒的历史发展

32. 【酒】白酒　五、六级

　　著名白酒：茅台酒、五粮液、泸州老窖、西凤酒、杏花村酒等

　　茅台酒、杏花村酒等名酒的来历

33. 【酒】黄酒　五、六级

　　黄酒产生的历史

　　著名黄酒：绍兴花雕酒、山东即墨老酒、福建老酒等

　　绍兴花雕酒、山东即墨老酒等名酒的传说

34. 【酒】有关"酒"的典故　五、六级

　　酒香不怕巷子深、杯酒释兵权等

35. 【中国饮食的全球化】外国饮食的输入　三、四、五级

　　著名在华西式快餐：麦当劳、肯德基等

　　星巴克等咖啡店

在华西式快餐的中餐化

36.【中国饮食的全球化】中式快餐的成长   三、四级

　　中式快餐著名品牌：真功夫、永和大王、大娘水饺等

　　外卖（美团外卖、饿了么外卖、蜂鸟跑腿、大众点评等）的快速发展

　　经营理念

37.【中国饮食的全球化】中国饮食在海外的当地化   四、五级

　　中国饮食在海外的"新生"：海南鸡饭、肉骨茶、拉茶等

　　中餐的改良与当地化

（三）器用

38.【木（草）质器用】木质生活器用   二、三、四级

　　种类：筷子（箸）、杯、案、屏风、席子等

　　筷子文化：不同时期的名称，体现的文化观念

　　"举案齐眉""觥筹交错"等所呈现的不同就餐文化

　　坐席文化及与"席"相关词汇的文化内涵

　　文化链接：中日韩筷子的差异及其原因

39.【金属器用】金属生活器用   四、五、六级

　　种类：鼎、铜镜、洗脸铜盆、铜灯等

　　著名出土文物：司母戊大方鼎、四鸾衔绶金银平脱镜、彩绘雁鱼青铜釭灯等

　　器物形态描述

　　器物功用及其美学特征

　　镜子、洗脸盆、灯等生活物品的时代性变化

40.【陶瓷】陶器的历史   四、五、六级

　　陶器的产生及其意义

　　发展演变过程

41.【陶瓷】原始陶器   五、六级

　　著名出土文物：马家窑文化舞蹈纹彩陶盆、小口尖底瓶、陶鹰鼎、鹳鱼石斧图彩绘陶缸等

　　器物形态描述

　　器物功用及其美学特征

42.【陶瓷】唐三彩   四、五、六级

　　三彩种类：黄、绿、白，或黄、绿、蓝、赭、黑等基本釉色交错使用

　　常见器物：三彩马、骆驼、仕女、乐伎俑、枕头等

　　器物形态描述

器物功用及其美学特征

43. 【陶瓷】瓷器的历史　五、六级

　　瓷与陶的区别

　　瓷器主要发展阶段：原始瓷、东汉魏晋瓷、南北朝隋唐瓷、宋瓷、元明清瓷

44. 【陶瓷】定窑　四、五、六级

　　代表瓷器：白瓷孩儿枕、白釉刻花玉壶春瓶等

　　器物形态描述

　　器物功用及其美学特征

　　定窑的整体特点

45. 【陶瓷】汝窑　五、六级

　　代表瓷器：莲花式温碗、天青釉葵口洗等

　　器物形态描述

　　器物功用及其美学特征

　　汝窑的整体特点

46. 【陶瓷】哥窑　五、六级

　　代表瓷器：青釉鱼耳炉、青釉葵瓣口盘等

　　器物形态描述

　　器物功用及其美学特征

　　哥窑的整体特点

47. 【陶瓷】钧窑　五、六级

　　代表瓷器：玫瑰紫出戟尊、玫瑰紫釉海棠式花盆托等

　　器物形态描述

　　器物功用及其美学特征

　　钧窑的整体特点

48. 【陶瓷】官窑　五、六级

　　代表瓷器：粉青釉弦纹瓶、粉青釉葵花式洗等

　　器物形态描述

　　器物功用及其美学特征

　　官窑的整体特点

49. 【陶瓷】景德镇窑　五、六级

　　代表瓷器：青白釉刻花婴戏纹碗、青白釉印花飞凤纹碗等

　　器物形态描述

器物功用及其美学特征

景德镇瓷器的整体特点

文化链接：元青花的形成与特点

50.【陶瓷】外销瓷　五、六级

外销瓷的历史：唐代至明代前期的外销瓷、明中晚期及鸦片战争前的外销瓷、当代外销瓷

不同时期的外销货物与主要市场

外销瓷的种类：收购瓷，定制瓷（景德镇青花瓷和广彩瓷）

装饰图案：徽章、人物故事、船舶及码头风景等纹饰

美学特征：中西杂糅

（四）建筑

51.【宫殿】古代宫殿　三、四、五级

著名古代宫殿：故宫、布达拉宫等

建筑过程

主要建筑及其功能

建筑中的政治符号

建筑中的五行观念

建筑中的美学风格

文化链接：天安门的建筑特点及其象征意义

52.【宫殿】现代会堂　三、四、五级

著名现代会堂：人民大会堂、香港会议展览中心等

建筑过程

建筑功能

建筑理念与特色

53.【民居】传统民居　三、四、五、六级

典型传统民居：四合院、窑洞、江南民居、吊脚楼、蒙古包、傣族竹楼等

传统民居的结构与功能

中国传统民居体现的天人合一观念

传统民居的风水观念

传统民居的审美特征

54.【军事建筑】防御工程　二、三、四、五级

著名防御工程：长城、平遥古城城墙等

修建历史

建筑构造与功能

当代保护与维修

55.【陵墓与祭祀场所】陵墓　四、五级

著名古代陵墓：秦始皇陵及兵马俑坑、茂陵、昭陵、乾陵、明十三陵等

皇陵的建造与后世发掘

建筑结构与功能

重要文物：秦始皇陵铜车马、兵马俑，昭陵六骏，等等

当代保护与维修

56.【陵墓与祭祀场所】祭祀场所　四、五级

著名祭祀场所：天坛、孔庙（如曲阜孔庙、北京孔庙、南京夫子庙、吉林文庙）等

修建历史

主要建筑及其特点

建筑颜色、形状等所体现的文化寓意

57.【宗教建筑】寺庙与道观　三、四、五、六级

寺庙：白马寺、少林寺、苏州寒山寺等

道观：白云观、武当山宫观等

修建历史

主要建筑及其特点

宗教禁忌及在建筑、参观中的具体体现

建筑或雕塑的独特审美

58.【文化体育建筑】当代文化景观与场所　四、五、六级

文化景观：广州塔、上海东方明珠广播电视塔等

文化场所：中国美术学院象山校区等

建筑结构及其功能

体现的建筑理念与审美风格

59.【文化体育建筑】当代体育建筑　四、五级

典型建筑：国家体育场（鸟巢）、国家游泳中心（水立方）等

建筑结构及其功能

体现的建筑理念与审美风格

60.【商业建筑】当代商业建筑　五、六级

典型建筑：中央公园广场、上海金茂大厦、上海中心大厦等

建筑结构及其功能

体现的建筑理念与审美风格

61.【园林】古代皇家园林　四、五级

典型建筑：颐和园、承德避暑山庄、北海公园等

修建目的与建造过程

主要建筑及其特点

建筑独特的审美风尚

62.【园林】古代私家园林　四、五、六级

著名园林：拙政园、留园、网师园等苏州园林，扬州个园，绍兴沈园，等等

修建历史

重要建筑及其风格

显著的文化观念与独特的审美风格

63.【园林】现代城市综合公园　三、四、五级

著名城市公园：北京陶然亭公园、广州越秀公园、上海长风公园等

城市公园的历史内涵与文化风韵

主要建筑或设施及其功能

建筑理念与风格特征

64.【园林】现代动物园　三、四、五级

著名动物园：北京动物园、广州香江野生动物园、三亚亚龙湾蝴蝶谷等

珍稀动物介绍

主要园区或设施及其功能项目

建园理念与风格特征

65.【园林】现代植物园　四、五级

著名植物园：国家植物园、中国科学院华南植物园、中国科学院庐山植物园等

珍稀物种介绍

主要园区或设施及其功能项目

建园理念与风格特征

（五）交通

66.【公路】古代公路　四、五、六级

道路：驰道、栈道、茶马古道等

交通工具：马车、牛车、指南车、轿子、人力车等

驰道、栈道等修建时代与目的

"栈道""茶马古道"等道路产生的作用与意义

67.【公路】现代公路　四、五、六级

　　高速公路：京港澳高速、京藏高速、青兰高速等

　　著名盘山公路：贵州晴隆二十四道拐公路、郭亮挂壁公路、怒江七十二拐公路等

　　著名隧道：秦岭终南山公路隧道、甘肃麦积山隧道等

　　著名公路桥梁：四渡河大桥、北盘江大桥等

　　著名公路的修筑原因及过程

　　作用与建筑特色

68.【铁路】现代铁路　四、五级

　　著名铁路：京九线、京广线、青藏线等

　　高铁：和谐号（CRH）、复兴号（CR）

　　"青藏线"等修筑的作用与意义

　　中国高铁的发展成就

69.【水路】古代水路　三、四、五、六级

　　古代交通工具：舟船、羊皮筏子等

　　水路：京杭大运河、海上丝绸之路等

　　著名桥梁：黄河浮桥、赵州桥、卢沟桥等

　　京杭大运河等开通、黄河浮桥等修造的历史与意义

　　赵州桥、卢沟桥的建造历史与建造艺术

　　羊皮筏子的起源、制作与水上交通工具的变革

70.【水路】现代水路　四、五、六级

　　著名航道：长江航道、澜沧江—湄公河航道等

　　著名水上桥梁：武汉长江大桥、杭州湾跨海大桥、港珠澳大桥等

　　著名桥梁的修建历史、建筑特点与作用

　　国内航道、国际航道开通的价值意义

　　文化链接：水电站如三峡水利枢纽工程、西藏果多水电站等

71.【航空航天】古代飞天梦想　三、四、五级

　　神话中的飞天：嫦娥奔月、敦煌飞天壁画等

　　飞天的"参照物"：木鸟、风筝等

　　飞天壮举：明代万户飞天

72.【航空航天】现代航空　四、五、六级

　　中国近代航空第一人：冯如

　　当代国产大型客机：C919

73. 【航空航天】现代航天　五、六级

　　当代太空探索：神舟系列载人飞船，天宫二号空间实验室，探月工程，等等

　　重要时刻：杨利伟乘"神舟五号"载人飞船进入太空，"神舟十三号"载人飞船发射成功，等等

　　航空员的太空生活

　　中国航天的浪漫命名

74. 【信息传递】古代信息传递　四、五级

　　传递的方式：驿传与驿站、飞鸽传书、烽火与狼烟等

　　传说与故事："一骑红尘妃子笑"、苏武鸿雁传书、柳毅传书等

75. 【信息传递】现代信息传递　四、五、六级

　　信息技术：互联网＋、微信、面部识别、物联网等

　　手机制造：华为、小米、VIVO、OPPO等

　　国家前沿技术：北斗卫星导航系统、中国"天河二号"超级计算机

76. 【物资流动】古代物流　四、五、六级

　　运输工具：车、木舟、马等

　　运输道路：丝绸之路、茶马古道、京杭大运河等

　　第三方物流：镖局、驿站等

77. 【物资流动】现代物流　四、五级

　　表现形式：电子商务、网购、移动支付（支付宝、微信支付等）等

　　杰出代表：淘宝、京东、顺丰速运、圆通速递等

二、制度文化

表2 "制度文化"类的"文化点"列目

大类	小类	子类	文化点	序号
制度文化	宗法制度	宗法制度的确立	宗法制度的形成与演变、宗法制度内容	78、79
		宗法制度的影响	宗法制度对古代社会的影响、宗法制度对当代社会的影响	80、81
	姓氏制度	姓氏的产生与确定	姓氏来源、《百家姓》	82、83
		名字的确定	名字的择取艺术	84
	婚姻家庭制度	婚姻观念	古代婚姻观念、当代婚姻观念	85、86
		婚姻形态	古代婚姻类型、当代婚姻形式	87、88
		婚姻功能	古代政治婚姻	89
		婚礼习俗	古代婚俗、当代婚俗	90、91

续表

大类	小类	子类	文化点	序号
制度文化	婚姻家庭制度	婚姻美满的典范	古代婚姻的典范、当代婚姻的典范	92、93
		家庭观念	古代家庭观念、当代家庭观念的变化	94、95
		家庭生产	古代家庭角色分工模式、当代家庭角色分工模式	96、97
		家庭教育	古代家庭教育、当代家庭教育	98、99
	经济制度	土地制度	古代土地制度、当代土地制度	100、101
		经济模式	古代小农经济、古代手工业经济、古代商业经济、当代社会主义市场经济模式	102—105
		资源的保护与开发	当代土地资源、当代水资源、当代动植物资源、当代矿产资源、当代旅游资源	106—110
		对外经济	古代外贸经济、世界工厂与当代中国制造	111、112
	政治制度	疆域	古代疆域、当代领土、当代领海	113—115
		人口	古代人口观念与政策、当代人口观念与政策、古代人口分布、当代人口分布及发展趋势	116—119
		基本政治制度	古代基本政治制度、当代基本政治制度	120、121
		中央行政制度	古代中央行政制度、当代中央行政制度	122、123
		地方行政区域制度	古代政区、当代政区	124、125
		官员选拔制度	科举制度形成之前的选拔制度、科举制度的形成与发展、科举考试的经典故事、当代官员选拔制度与措施	126—129
	民族与对外交往制度	民族制度	中华民族的形成、古代少数民族的构成、当代少数民族的构成、古代民族政策、当代民族政策	130–134
		对外交往	古代对外交往、当代对外交往	135、136
	学校教育	教育观念	古代教育观念、当代教育观念	137、138
		办学形式	古代官学、古代私学、当代办学形式的多样化	139—141
		教育内容	古代蒙学读物、古代科举的教育内容、近代新式学堂的教育内容、当代学校教育内容	142—145
	礼仪制度	祭祀	古代祭祀大典、当代祭祀大典	146、147
		礼器	古代祭祀与陪葬器物	148
		人生礼仪	古代人生成长仪式	149
		学校礼仪	古代学校礼仪教育、当代学校礼仪教育	150、151
		生活礼仪	日常生活礼仪	152

文化点、等级及内容举例，具体如下：

（一）宗法制度

78.【宗法制度的确立】宗法制度的形成与演变　五、六级

周公制礼作乐

家国同构观念

家族制度

文化链接：成龙、刘媛媛演唱的《国家》，中国人的家国观念

79.【宗法制度的确立】宗法制度内容　五、六级

具体包括：嫡长子继承制、分封制、宗庙祭祀制等

实质：王位继承权、家族继承权等

分封制与郡县制的比较

80.【宗法制度的影响】宗法制度对古代社会的影响　五、六级

观念与行为上的影响：宗祠、族规与家训、家谱、聚族而居等

典型代表：福建土楼聚族而居等

"打仗亲兄弟，上阵父子兵""嫁出去的女儿，泼出去的水"等反映的文化观念

81.【宗法制度的影响】宗法制度对当代社会的影响　五、六级

观念上的影响：重等级，讲尊卑；重亲情，讲关系；等等

具体体现：家族企业等

对家族企业发展与继承人选择的思考

（二）姓氏制度

82.【姓氏的产生与确定】姓氏来源　一、二、三级

姓的起源与作用

氏的衍生与姓氏的确定

文化链接：改姓、互不通婚的姓氏等

83.【姓氏的产生与确定】《百家姓》　四级

编写与排序

文化观念

最新百家姓排名

84.【名字的确定】名字的择取艺术　一、二、三、四级

名与字的关系：含义相同或相近、含义相反等

古人起名的时代特征

名字的命名方法及其注意事项

（三）婚姻家庭制度

85.【婚姻观念】古代婚姻观念　四、五级

　　包括：一夫一妻（多妾），同姓不婚；父母之命，媒妁之言；门当户对；等等

　　古代典型事例

86.【婚姻观念】当代婚姻观念　四、五级

　　包括：一夫一妻、男女平等、婚姻自由等

　　当代婚恋方式的变化：结婚年龄、婚恋方式的多样性（介绍、自由恋爱、互联网＋婚恋等）等

　　不婚、闪婚、网婚等婚恋现象的认识与讨论

87.【婚姻形态】古代婚姻类型　五、六级

　　主要婚姻形式：一夫一妻（多妾）制

　　一夫一妻（多妾）制之前的婚姻类型：血缘婚、族外婚、对偶婚等

　　族外婚等在当代民族地区婚俗中的遗留

　　典型事例

88.【婚姻形态】当代婚姻形式　五、六级

　　基本特点：一夫一妻制、男女平等、婚姻自愿等

　　非主流现代婚姻形式：试婚、周末婚、走婚（摩梭人），裸婚、隐婚，等等

89.【婚姻功能】古代政治婚姻　四、五级

　　典型事例：西施与夫差、貂蝉与吕布、秦晋之好等

　　政治婚姻中女性的地位与命运遭遇

90.【婚礼习俗】古代婚俗　四、五、六级

　　成婚前的六礼

　　成婚之礼

　　古代婚俗的喜忌

91.【婚礼习俗】当代婚俗　四、五级

　　特征：崇尚简单、追求时尚、展示个性、讲究品位等

　　婚礼文化：婚礼程序、婚礼服饰等体现的文化

　　结婚形式：中式婚礼、西式婚礼、中西结合婚礼、旅游结婚等

　　各地不同的婚俗

92.【婚姻美满的典范】古代婚姻的典范　四、五级

　　典型事例：举案齐眉、相敬如宾、乘龙快婿、卿卿我我等

　　正确分析古代婚姻的本质

客观评析古代婚姻与当代婚姻的差异

93.【婚姻美满的典范】当代婚姻的典范　四、五级

典型事例:"爱情天梯"、杨绛、钱锺书的爱情,等等

分析当代幸福婚姻的基本要素

94.【家庭观念】古代家庭观念　四、五、六级

主要内容:孝悌为本、长幼有序、尊卑有别等

实质内容:重男轻女、父权家长制、嫡长子继承制

客观分析古代家庭观念的社会、政治、经济等形成因素

95.【家庭观念】当代家庭观念的变化　五、六级

主要变化:小家庭结构、人际关系趋于简单化等

具体体现:三／四口之家、移居或移民、不婚族、丁克家庭等

产生的问题:留守儿童、空巢老人等

解决办法:国家设立"老年节",为儿女"常回家看看"立法,等等

96.【家庭生产】古代家庭角色分工模式　五级

生产模式:以家庭为单位的男耕女织

合作方式:男外女内

古代家庭男女分工的本质精神

97.【家庭生产】当代家庭角色分工模式　四、五级

多样性特点:男女同外同内,女性出入职场,男性为奶爸(家庭煮夫),传统家庭男女分工方式还一定程度存在,等等

分析当代家庭、古代家庭中男女分工差异的原因

98.【家庭教育】古代家庭教育　四、五、六级

观念:重视传统伦理道德、教育内容男女有别等

典范事例:孟母三迁、画荻教子、岳母刺字等

99.【家庭教育】当代家庭教育　三、四、五级

观念:重视启蒙教育、兴趣培养及全面教育,寓教于乐,因材施教,言传身教,等等

古代、当代家庭教育的差异及其原因分析

(四)经济制度

100.【土地制度】古代土地制度　五、六级

周代井田制

地主土地私有为主的多种土地所有制

101.【土地制度】当代土地制度　六级

　　形式：土地为国家公有、家庭联产承包责任制、土地承包经营权流转、"新土改"等

　　探讨农村土地多样化经营模式

102.【经济模式】古代小农经济　五、六级

　　主要特点：以家庭为单位，农业和家庭手工业结合，自给自足的模式

　　兴修水利设施：都江堰、郑国渠等

103.【经济模式】古代手工业经济　五级

　　包括：纺织业、陶瓷业、造纸业等

　　用途：自用、交换、贸易

104.【经济模式】古代商业经济　五、六级

　　古代重农轻商政策及其原因

　　世界上最早的纸币：交子

　　古代专卖制度：盐、铁等专卖

　　对外贸易：边境互市、广州十三行等

　　明清时期的重要商帮：晋商、徽商、潮商等

　　晋商、徽商等独特的商业模式与文化

105.【经济模式】当代社会主义市场经济模式　五、六级

　　计划经济到市场经济的转变

　　中国社会主义市场经济的特点

　　互联网+的经济模式

106.【资源的保护与开发】当代土地资源　四、五、六级

　　包括：耕地、森林、草原等

　　耕地资源：东北平原、华北平原、长江中下游平原等

　　草原资源：内蒙古呼伦贝尔大草原、内蒙古锡林郭勒大草原等

　　森林资源：吉林长白山红松阔叶混交林、新疆天山雪岭云杉林、海南尖峰岭热带雨林等

　　国家退耕还林政策

　　土地资源保护的成绩与不足

107.【资源的保护与开发】当代水资源　二、三、四、五、六级

　　江河湖泊：长江、黄河、澜沧江、青海湖、鄱阳湖、罗布泊等

　　水资源的缺乏、利用与保护：南水北调工程、三峡大坝的修建等

　　水资源保护的成绩与不足

108.【资源的保护与开发】当代动植物资源　二、三、四、五级

　　丰富的动植物资源：熊猫、藏羚羊、丹顶鹤等；水杉、珙桐、掌叶木、胡杨木等

　　著名的保护区：台湾蝴蝶谷、青海湖鸟岛、内蒙古额济纳胡杨林自然保护区、广东湛江红树林

　　　　　　　　　国家级自然保护区等

　　环境保护政策

　　动植物资源保护的成绩与不足

109.【资源的保护与开发】当代矿产资源　四、五、六级

　　能源矿产：石油、煤炭等

　　有色金属及稀土资源

　　资源开发与环境保护并重的政策

　　矿产资源保护的成绩与不足

110.【资源的保护与开发】当代旅游资源　三、四、五级

　　著名旅游资源：长城、桂林山水、黄果树瀑布、九寨沟、张家界、趵突泉、日月潭、钱塘江大潮、

　　　　　　　　　吉林雾凇、泰山、西湖、黄山、峨眉山－乐山大佛等

　　旅游资源开发与环境保护并重的政策

　　旅游资源保护的成绩与不足

111.【对外经济】古代外贸经济　三、四、五、六级

　　汉代的对外贸易：陆上丝绸之路等

　　唐宋时期繁荣的外贸：陆上丝绸之路、海上丝绸之路

　　郑和下西洋的对外贸易与海上丝绸之路

　　明代中晚期资本主义的萌芽与闭关锁国政策

　　清代海禁与广州十三行

112.【对外经济】世界工厂与当代中国制造　四、五、六级

　　生产与制造大国：轻工产品、机电产品、能源产品、高新技术产品及其他装备制造等

　　"中国制造"名片：中国高铁、核电、造船、无人机、手机、家电等

　　"中国智造"的新版图：上海"张江药谷"、株洲"动力谷"、武汉"光谷"、深圳无人机、

　　　　　　　　　　　　无锡物联网、西安航空航天产业等

　　文化链接：中国制造2025

（五）政治制度

113.【疆域】古代疆域　六级

　　中国疆域的历时性变迁

　　变迁的原因

114.【疆域】当代领土　四、五级

领土的面积、范围

中国的邻国

115.【疆域】当代领海　四、五级

领海的面积、范围

美丽的海疆：西沙、南沙、中沙等

116.【人口】古代人口观念与政策　四、五级

观念："多子多福"观念、"不孝有三，无后为大"等

政策：鼓励人口生育（兵源、财源等）

117.【人口】当代人口观念与政策　四、五级

人口观念的变化：马寅初的新人口论，到"少生优生，幸福一生"计划生育观念，
　　　　　　　到优化计划生育政策

生育政策的变化：多孩、一孩、二孩、三孩

118.【人口】古代人口分布　五、六级

唐中期以前：北方人口多于南方，人口主要分布在黄河中下游

唐中期以后：南方人口超过北方，人口密集于淮河以南及江南地区

119.【人口】当代人口分布及发展趋势　五、六级

中国人口的胡焕庸线（黑河—腾冲线）

中国人口的发展趋势：人口城镇化、人口老龄化、人口少子化等

应该采取的措施

120.【基本政治制度】古代基本政治制度　五级

内容：皇帝专制主义、中央集权等

客观分析中国古代基本政治制度

121.【基本政治制度】当代基本政治制度　六级

内容：社会主义制度、人民代表大会制度、基层群众自治制度、中国共产党领导下的多党合作和
　　　政治协商制度、民族区域自治制度等

正确认识中国当代基本政治制度

122.【中央行政制度】古代中央行政制度　六级

历时性变化：三公九卿制、三省六部制等

客观分析中国古代中央行政制度

123.【中央行政制度】当代中央行政制度　六级

中央行政机关：中华人民共和国国务院

了解国务院各部（委员会）的构成、行政责任

124.【地方行政区域制度】古代政区　五、六级

不同时代的政区制度：分封制、郡县制、行省制等

客观分析不同时代政区制度的产生原因及优缺点

古代政区制度对当代的借鉴与启示

125.【地方行政区域制度】当代政区　一、二、三、四、五级

六级行政区划：省级（省、自治区、直辖市、特别行政区）—地级—县级—乡（镇）级—村级—组级

知名城市举例：北京、上海、广州、杭州、香港、澳门、深圳、厦门、青岛、丽江、桂林等

省（市）简称及其在现实社会中的应用

126.【官员选拔制度】科举制度形成之前的选拔制度　五、六级

隋代以前的选拔制度：世袭制、察举制、九品中正制等

世袭制等产生的背景、特征及存在的不足

127.【官员选拔制度】科举制度的形成与发展　五、六级

科举内容：四书五经

科举主要形式：八股文等

科举考试的资格考试：童生试等

科举考试的等级：乡试、会试、殿试

科举考试制度在不同时期的改革

128.【官员选拔制度】科举考试的经典故事　四、五级

经典事例：范进中举、名落孙山、沆瀣一气、女状元傅善祥等

客观评价古代科举制度的作用与弊端

129.【官员选拔制度】当代官员选拔制度与措施　五、六级

选拔方式：公务员选拔考试、委任制等

垂直的民主精英选拔制度

中国古代与当代选拔官员的制度比较

中国与西方选拔官员的制度与方式比较

（六）民族与对外交往制度

130.【民族制度】中华民族的形成　三、四、五级

别称：中华儿女、炎黄子孙

历时性变化与融合

131.【民族制度】古代少数民族的构成　六级

古代少数民族：主要由匈奴、东胡、突厥、通古斯、羌藏五部分演化而来

对中原王朝影响较大的少数民族：先秦的西戎、南蛮、北狄、东夷，汉朝的匈奴，魏晋南北朝的匈奴、鲜卑、羯、氐、羌，唐时的突厥、回鹘、吐蕃，宋以后的契丹、党项、女真（满族）、蒙古等

132.【民族制度】当代少数民族的构成　三、四、五级

中国当代的少数民族数量：55个

地区分布

民族地区的节日与习俗

133.【民族制度】古代民族政策　五、六级

主体观念：协和万邦，天下一统；民族歧视倾向一定程度存在；等等

和亲制度：昭君出塞、文成公主进藏等

134.【民族制度】当代民族政策　五、六级

内容：民族平等团结，共同繁荣；民族区域自治；发展民族地区经济文化事业；使用和发展民族语言文字；尊重民族风俗习惯；尊重和保护民族宗教信仰自由；等等

结合实例讲解民族区域自治政策的落实情况与巨大成就

当代民族政策对古代民族政策的继承与发展

135.【对外交往】古代对外交往　四、五、六级

具体事例：张骞出使西域、玄奘西去印度取经、日本遣唐使、马可·波罗游历中国、郑和下西洋、利玛窦在中国传教等

中国古代对外交往的精神本质

136.【对外交往】当代对外交往　五、六级

具体事例：万隆会议、中美乒乓外交、中国恢复联合国席位、中国加入WTO、上海合作组织、中国—东盟全面战略伙伴关系、中非合作论坛、六方会谈、博鳌亚洲论坛、中国维和行动、"一带一路"、亚洲基础设施投资银行、孔子学院等

中国当代对外交往的愿望与目的

讲好中国故事，扩大对外交往的方式方法

（七）学校教育

137.【教育观念】古代教育观念　五、六级

包括：以三纲五常为主的伦理道德、重视人文精神、学而优则仕、学以致用等

138.【教育观念】当代教育观念　四、五级

包括：多元化教育观念、德智体美劳全面发展、素质教育、职业教育、终生教育等

教育制度：九年义务教育

139. 【办学形式】古代官学　五、六级

　　周朝的贵族教育："学在王官"教育内容、教育特点

　　秦汉后的中央官学：最高学府太学和国子监，专门学校，贵族学校（如唐代弘文馆和崇文馆、

　　　　　　　　　　清代旗学），等等

　　秦汉后的地方官学：州学、县学等

140. 【办学形式】古代私学　五级

　　孔子与私学的产生

　　私学的发展

　　私学的成熟：书院教育，如岳麓书院、东林书院等；蒙学教育，如学塾、村塾等

141. 【办学形式】当代办学形式的多样化　四、五级

　　当代办学的主体形式：公立学校

　　补充形式：民办学校、当代私塾、培训机构等

　　助学方式多样化：希望工程、农村支教等

142. 【教育内容】古代蒙学读物　一、二、三、四、五级

　　主要读物：《三字经》《百家姓》《千字文》《千家诗》《二十四孝》《弟子规》等

　　蒙学读物的内容与思想

　　正确认识古代的蒙学读物

143. 【教育内容】古代科举的教育内容　五、六级

　　四书五经等儒家经典

　　写诗作赋

　　正确理解古代科举制度的本质

　　客观认识科举教育思想的利与弊

144. 【教育内容】近代新式学堂的教育内容　五级

　　新式学堂：京师同文馆、京师大学堂、船政学堂、水师学堂等

　　学习内容：外语、造船技术、军事技术等

　　理解新式学堂产生的背景、意义与不足

145. 【教育内容】当代学校教育内容　五、六级

　　包括：人文教育、自然科学教育、职业技术教育、科学技术教育等

　　认识当代教育的成绩与不足

（八）礼仪制度

146. 【祭祀】古代祭祀大典　五、六级

　　古代重要的祭祀：圜丘祭天、方丘祭地、封禅、祭孔等

文化遗迹：天坛、社稷坛等

祭祀仪式与文化观念

147.【祭祀】当代祭祀大典　五、六级

包括：黄帝陵大典、炎帝陵祭典、大禹祭典、祭孔大典等

祭祀仪式与文化观念

148.【礼器】古代祭祀与陪葬器物　五、六级

祭祀礼器：司母戊大方鼎、四羊方尊等

陪葬器物：金缕玉衣、摇钱树等

149.【人生礼仪】古代人生成长仪式　四、五级

重要典礼：诞生礼、冠礼、婚礼、葬礼

仪式活动

150.【学校礼仪】古代学校礼仪教育　三、四、五级

重要典礼：释奠礼、束脩、释菜礼、视学礼等

学校礼仪教育内容

151.【学校礼仪】当代学校礼仪教育　一、二、三级

教育原则：从自我做起、从点滴做起等

重要礼仪：集会礼仪（升旗礼等）、尊师礼仪、同学礼仪、上课礼仪等

正确使用礼貌用语

152.【生活礼仪】日常生活礼仪　一、二、三、四级

仪表举止

坐立行走

语言表达

待人接物

三、行为文化

表3 "行为文化"类的"文化点"列目

大类	小类	子类	文化点	序号
行为文化	民俗行为文化	传统历法与节日	农历与节气，春节、元宵节、清明节、端午节、七夕节、中秋节、重阳节	153—160
		当代节日	教师节、国庆节、劳动节、妇女节	161—164
		生活民俗	手工技艺、生活禁忌	165、166
		游艺民俗	娱乐活动	167
		民间观念	数字喜忌、颜色喜忌	168、169

续表

大类	小类	子类	文化点	序号
行为文化	交际行为文化	言语	称谓、问候、介绍、邀请、拜访、招待、告别、馈赠	170—177
		体态	面部表情、手势与身势、身体接触、服饰与化妆	178—181
		态度	自谦与敬人、拒绝、批评、感谢、赞扬	182—186
		表达方式	委婉与直接、正问与反问	187、188

文化点、等级及内容举例，具体如下：

（一）民俗行为文化

153.【传统历法与节日】农历与节气　三、四级

　　纪年的几种方式

　　农历的来历

　　使用农历的国家

　　二十四节气及习俗

　　节日与节气的区别

154.【传统历法与节日】春节　一、二、三、四、五级

　　节日起源：腊祭、巫术仪式、鬼节等说法

　　节日习俗：送灶君、大扫除、贴对联、放鞭炮、拜年等

　　节日忌讳：忌说病、死等

　　当代中国人拜年方式的变化

　　与节日相关的诗词、故事

155.【传统历法与节日】元宵节　三、四级

　　节日起源：纪念平息诸吕之乱、汉明帝敬佛等说法

　　节日习俗：赏灯、吃元宵等

　　与节日相关的诗词、故事

156.【传统历法与节日】清明节　三、四级

　　节日起源：古代帝王将相"墓祭"之礼

　　与寒食节的关系

　　节日风俗：扫墓、踏青、郊游、门口插柳等

　　与节日相关的诗词、故事

157.【传统历法与节日】端午节　三、四级

　　节日起源：恶月恶日驱鬼避邪、蓄兰沐浴、纪念屈原、纪念伍子胥、纪念曹娥等说法

各地风俗：吃粽子、赛龙舟、挂荷包、吃鸡蛋等

节日在当代的影响

与节日相关的诗词、故事

158.【传统历法与节日】七夕节　四级

传说故事：牛郎织女

节日风俗：妇女穿针乞巧、祈祷福禄寿、礼拜七姐、陈列花果等

与节日相关的诗词、故事

159.【传统历法与节日】中秋节　一、二、三、四级

节日起源：远古祭月、庆祝秋收等说法

传说故事：嫦娥奔月

节日风俗：赏月、吃月饼等

文化寓意：感恩收获、庆贺团圆等

与节日相关的诗词、故事

160.【传统历法与节日】重阳节　四、五级

节日起源：祈求长寿、祭祀"大火（火星）"等说法

节日风俗：登高、插茱萸、喝菊花酒等

当代老人节

161.【当代节日】教师节　三、四级

节日的设立

文化观念

节日影响

文化链接：各国教师节

162.【当代节日】国庆节　三、四级

节日的设立

庆祝方式

文化链接：各国国庆节

163.【当代节日】劳动节　三、四级

节日的设立

文化观念

164.【当代节日】妇女节　三、四级

国际妇女节的设立

妇女节在中国的传入

重要影响

165.【生活民俗】手工技艺 二、三、四级

民间手工：剪纸、中国结、泥塑、风筝等

杰出代表：泥人张等

手工的用途与美好寓意

166.【生活民俗】生活禁忌 一、二、三级

包括：梨不能分着吃，筷子不能插在饭上，礼物忌送钟、伞，等等

反映的文化观念

文化链接：外国人的生活禁忌及其深层的文化观念

167.【游艺民俗】娱乐活动 二、三、四、五级

包括：风筝、拔河、赛龙舟、麻将等各种游戏或娱乐活动

反映的文化观念

文化链接：外国人的一些日常娱乐活动及其深层的文化观念

168.【民间观念】数字喜忌 三、四级

一般规则：忌单数，喜双数

喜忌数字（四、六、八、九、十、七十三、八十四等）所表现的观念文化

文化链接：外国人的一些数字喜忌及其深层的文化观念

169.【民间观念】颜色喜忌 二、三、四级

服装颜色与地位：黄色、红色、紫色、青色、黑色等

不同场合（喜事、丧事等）的服装颜色

颜色（灰色、黄色、红色、紫色等）的比喻义

颜色与五行观念

文化链接：外国人的颜色喜忌及其深层的文化观念

（二）交际行为文化

170.【言语】称谓 一、二、三级

包括：亲属称谓、社交称谓等

交际规则

文化观念：亲疏有别、映照性文化等

171.【言语】问候 一、二、三级

按亲密程度分：熟人之间的问候、关系一般者之间的问候、初识者之间的问候等

按发生时间分：全时问候语、实时问候语（包括节日、生日问候语等）等

交际规则

文化观念：亲切有礼、亲疏有别、内外有异等

172.【言语】介绍　一、二、三级

包括：自我介绍、他人介绍、群体介绍等

交际规则

文化观念：长幼尊卑的等级观念、尊人约己的内敛性格等

173.【言语】邀请　一、二、三、四级

方式：当面邀请、电话邀请、写信邀请、寄卡邀请等

邀请中客套与真正邀请的区别

交际规则

文化观念：热情礼貌、讲礼仪、重人情或人际关系等

174.【言语】拜访　四级

按拜访过程分：拜访前的预约、拜访中的交谈、拜访结束的告辞

交际规则

文化观念：重礼仪传统、尊人约己、内外有别等

175.【言语】招待　四级

按对象分：熟人间的招待、关系一般者的招待、初次相识者的招待

按程度分：一般性招待（如喝茶、聊天）、饮食款待等

常用词语：问候、客套、祝颂等用语

文化观念：礼貌周到、内外有别、亲疏有异等

176.【言语】告别　二、三、四级

包括：熟人之间的告别语、主客之间的告别语、一般关系的告别语

基本态度：真诚、热情、礼貌

文化观念：亲疏有别、男女有分等

177.【言语】馈赠　二、三、四级

馈赠物品包括：鲜花、衣物、书画、瓷器、酒茶、丝绸等

交际规则：针对性、目的性、民族性、经济性等

文化观念：礼尚往来、重义重情、轻利轻物等

178.【体态】面部表情　三、四级

包括：微笑、眨眼等

交际规则：把握时间、地点、场合、人物性格气质

文化观念：诚善友爱等

179. 【体态】手势与身势　三、四、五级

　　手势与身势包括：握手、竖手指、抱拳行礼、鞠躬等

　　交际规则：把握时间、地点、场合、人物性格气质

　　文化观念：谦和恭敬等

180. 【体态】身体接触　三、四、五级

　　身体接触包括：摸头、摸脸、拥抱等

　　交际规则：把握时间、地点、场合、人物性格气质

　　文化观念："老吾老以及人之老，幼吾幼以及人之幼"、安老怀少的宽广胸怀

　　入乡随俗的身体语言文化

181. 【体态】服饰与化妆　三、四、五级

　　交际原则：把握时间、地点、场合、人物性格气质

　　色彩搭配

　　文化观念：和谐、适宜等

182. 【态度】自谦与敬人　三、四级

　　交际规则：注意使用场合与对象

　　常用语词

　　文化观念：严于律己，宽以待人，等等

183. 【态度】拒绝　一、二、三、四级

　　直接拒绝：不想、不行、不喜欢等

　　间接拒绝：如道歉、感谢、表明态度、保证、回避等方式

　　文化观念：多采用委婉拒绝方式，重关系、讲情义、好面子，讲究言外之意

184. 【态度】批评　四、五级

　　分类：直接批评，貌似表扬的批评

　　常用语句

　　文化观念：重人我关系、讲情义好面子、讲究言外之意

185. 【态度】感谢　一、二、三级

　　感谢方式：言语感谢、物质感谢、言语＋物质感谢

　　行为规则：及时而主动，心意真诚而不应付，适度而不虚浮，等等

　　文化观念：报答感恩思想

186. 【态度】赞扬　一、二、三、四级

　　自我赞扬与赞扬他人

　　直接赞扬与间接赞扬

交际规则：发自内心，恰如其分；抑己扬人；等等

文化观念：多采用间接赞扬方式、重视集体而不突显个体等

187.【表达方式】委婉与直接　四、五级

不同的表达方式

不同的表达对象

不同的性格与思维方式

文化传统与观念

188.【表达方式】正问与反问　三、四级

常用语句或语气

交际规则：根据场合确定不同说话语气

文化观念

四、心态文化

表4　"心态文化"类的"文化点"列目

大类	小类	子类	文化点	序号
心态文化	思想观念	世界观	阴阳五行观念、天人合一观念、天下大同理想	189—191
		价值观	中华文化的价值核心、中华文化的价值体系、中华文化的价值理想	192—194
		伦理道德观	中华美德	195
	语言文字	国家通用语	普通话	196
		汉语方言	方言分类与分布，方言在海外的流播	197、198
		汉字的发展历史	汉字起源与演变，汉字构造	199、200
		汉字的文化及应用	汉字故事、汉字艺术及应用，汉字在海外的使用	201—203
	文学	古代文学	远古神话、《诗经》、《左传》、《战国策》、屈原、《韩非子》、《吕氏春秋》、先秦其他著作、《淮南子》、《史记》、汉乐府、三曹、陶渊明、《世说新语》、王维、李白、杜甫、白居易、李商隐、唐代其他作家、李煜、柳永、范仲淹、苏轼、李清照、陆游、宋代其他作家、关汉卿、王实甫、元代其他作家、《三国演义》、《水浒传》、《西游记》、冯梦龙、《红楼梦》、《聊斋志异》、《儒林外史》、明清其他作家	204—241

续表

大类	小类	子类	文化点	序号
心态文化	文学	现当代文学	鲁迅、郭沫若、徐志摩、老舍、曹禺、沈从文、钱锺书、《白毛女》、金庸、刘心武、王蒙、路遥、池莉、舒婷、莫言、余华、刘慈欣	242—258
		民间文学	人物传说、史事传说、风物传说、民间故事、民间说唱、俗语故事	259—264
		儿童文学	儿歌与儿童诗、儿童童话与寓言、儿童故事、儿童小说、儿童科学文艺、儿童影视	265—270
	历史	先秦	华夏之祖、夏朝、商朝、西周、灿烂的青铜文明、春秋诸侯争霸、战国七雄、神医扁鹊、百家争鸣	271—279
		秦汉	秦始皇、陈胜吴广起义、文景之治、张骞出使西域与丝绸之路的开通、蔡伦改进造纸术、科学家张衡、制成麻沸散的华佗、挟天子以令诸侯的曹操	280—287
		三国魏晋南北朝	三国鼎立、西晋的建立与灭亡、淝水之战、北魏孝文帝的改革	288—291
		隋唐	实现南北统一的隋文帝、李世民"贞观之治"、女皇武则天、唐玄宗"开元盛世"	292—295
		宋元	黄袍加身的赵匡胤、铁面无私的包拯、著《资治通鉴》的司马光、抗金名将岳飞、民族英雄文天祥、四大发明之三大发明——宋代辉煌的科技	296—301
		明清	郑和下西洋、李时珍、郑成功收复台湾	302—304
		近现代	林则徐禁烟、鸦片战争、辛亥革命与孙中山、劳工与华侨华人、五四运动、抗日战争、中华人民共和国成立与毛泽东、改革开放与邓小平、香港回归、澳门回归	305—314
	古代哲学与宗教	儒家	儒家思想、儒家流派、孔子、孟子、荀子、董仲舒、程颐、朱熹、王阳明	315—323
		道家	道家思想、道家流派、老子、庄子	324—327
		墨家	墨家思想、墨家流派、墨子	328—330
		法家	法家思想、法家流派、商鞅	331—333
		兵家	兵家思想、兵家流派、孙武	334—336
		原始信仰	自然崇拜、图腾崇拜、祖先崇拜	337—339
		道教	道教思想、道教神祇、道教著名故事	340—342
		佛教	佛教的传入与发展、佛教思想、"佛—菩萨—罗汉"系统、著名高僧、佛教石窟、佛教著名故事	343—348

续表

大类	小类	子类	文化点	序号
心态文化	艺术	音乐	民族乐器、古典名曲、与音乐有关的典故、古代音乐家、近现代音乐家	349—353
		戏曲	京剧、豫剧、黄梅戏、越剧、其他剧种	354—358
		书法	文房四宝、古代著名书法家、近现代著名书法家、与书法有关的典故	359—362
		绘画	中国画的特点、古代著名画家、近现代著名画家、与绘画有关的典故	363—366
		雕刻	动物图案、植物图案、器物图案、人物图案	367—370

文化点、等级及内容举例，具体如下：

（一）思想观念

189.【世界观】阴阳五行观念　四、五、六级

阴阳五行的内涵

具体体现：北京中山公园的社稷坛、故宫的颜色、中医诊法等

阴阳五行思想的现实应用

190.【世界观】天人合一观念　四、五、六级

天人合一的内涵

具体体现：筷子、铜钱形状、食补、著名菜系的特色、中国各地民居等

天人合一观念与中国当代环境保护

天人合一观念对当今世界的积极作用与价值

191.【世界观】天下大同理想　五、六级

"修身、齐家、治国、平天下"的理解

古代世界观：协和万邦

态度与方式：柔远怀迩

文化延展：当代中国提出构建"人类命运共同体"理念

192.【价值观】中华文化的价值核心　五、六级

传统文化的核心价值观：仁义礼智信——"五常"

当代中国的核心价值观：富强、民主、文明、和谐，自由、平等、公正、法治，爱国、敬业、诚信、友善

当代核心价值观对传统价值观的创造性转化与发展

193.【价值观】中华文化的价值体系　五、六级

价值体系包括：群体高于个人的群己观，功利服从道义的义利观，和谐而不冲突的人我观，责任

先于自由的责权观，等等

文化链接：通过具体事例，比较中华文化价值观与西方的同异

194.【价值观】中华文化的价值理想　四、五、六级

价值理想：追求多样性的和谐

和谐观的三个维度：人我关系、内外关系、天人关系

"君子和而不同，小人同而不和"的理解

人格理想：圣人、贤人、仁人、善人等

价值目标：天下大同、构建人类命运共同体

正确理解和谐与竞争的关系

195.【伦理道德观】中华美德　一、二、三、四、五级

包括：仁爱孝悌、气节道义、谦逊礼让、诚实守信、节约简朴、自省自律、感恩知报、勤奋上进、刚毅坚韧、宽厚包容、尊师重教、忠君爱国、敬业爱岗、廉洁奉公等

典型语句或词汇

典型故事或人物

（二）语言文字

196.【国家通用语】普通话　三、四、五级

普通话的概念

普通话产生的背景

普通话、"国语"、华语的区分

普通话推广的积极意义

普通话在海外推广的问题

197.【汉语方言】方言分类与分布　四、五级

七大方言：北方方言、吴方言、湘方言、客家方言、闽方言、粤方言、赣方言

七大方言的分布

七大方言的语音特点

方言在社会交际中产生的"误听"事例

方言的保护问题

198.【汉语方言】方言在海外的流播　四、五、六级

粤语在海外的使用

客家话在海外的使用

闽南话在海外的使用

温州话（吴方言）在海外的使用

- 55 -

利用华人的方言优势，提高他们的中文水平

199. 【汉字的发展历史】汉字起源与演变　四、五级

　　起源：结绳记事、仓颉造字等

　　文字演变过程：甲骨文、金文、大篆、小篆、隶书、草书、楷书、行书

　　汉字字体与书写载体

200. 【汉字的发展历史】汉字构造　三、四、五级

　　汉字造字法：象形、指示、会意、形声

　　汉字用字法：转注、假借

　　有效利用汉字构造特点进行汉字教学

　　针对不同学段，采用不同的汉字教学方法

201. 【汉字的文化及应用】汉字故事　三、四、五级

　　特定时代的政治经济关系，如：贝（货币）

　　特定阶段的社会生活，如：取、娶

　　反映的文化载体的形态，如：册、编、卷、典、删

　　特定时空下的心理状态，如：困、囚

　　反映文字简化的规律，如：塵、尘

　　正确认识繁体字、简化字的关系，把握汉字发展的规律

202. 【汉字的文化及应用】汉字艺术及应用　三、四、五级

　　汉字艺术表现形式：篆刻、美术字、汉字剪纸、版画、雕刻、塑造等

　　汉字艺术创作手段：组字成画、变形字等

203. 【汉字的文化及应用】汉字在海外的使用　四、五级

　　使用汉字的海外国家：新加坡等

　　部分使用汉字的国家：日本、韩国、马来西亚、印度尼西亚、越南等

（三）文学

204. 【古代文学】远古神话　三、四级

　　名篇：盘古开天地、共工怒触不周山、女娲造人、后羿射日等

　　神话故事内容

　　神话故事反映的文化精神与思维特征

　　文化链接：人的起源等中国神话与西方同一主题神话所存在的差异及原因

205. 【古代文学】《诗经》　四、五、六级

　　名篇：《关雎》《蒹葭》等

　　名句：一日不见，如三秋兮；昔我往矣，杨柳依依；执子之手，与子偕老；他山之石，可以攻玉；

战战兢兢，如临深渊，如履薄冰；等等

《关雎》《蒹葭》《静女》《击鼓》《木瓜》等名篇欣赏

《诗经》艺术风格

206.【古代文学】《左传》 四、五级

著名故事：退避三舍、祁奚荐贤、一鼓作气、息夫人不言等

名言名句：多行不义，必自毙；人谁无过？过而能改，善莫大焉；辅车相依，唇亡齿寒；风马牛不相及；皮之不存，毛将安傅；等等

"曹刿论战""晋灵公不君"等反映的文化观念

207.【古代文学】《战国策》 三、四、五级

寓言故事：狐假虎威、曾子杀人、画蛇添足等

人物故事：冯谖客孟尝君、苏秦刺股、邹忌讽齐王纳谏等

《战国策》纵横家思想及其时代价值观念

208.【古代文学】屈原 三、四、五级

屈原的悲剧与端午节风俗

代表作：《离骚》

名句：路漫漫其修远兮，吾将上下而求索；亦余心之所善兮，虽九死其犹未悔；悲莫悲兮生别离，乐莫乐兮新相知；等等

《楚辞》香草、美人的艺术手法

209.【古代文学】《韩非子》 三、四、五级

艺术手法：通过寓言故事讲道理等

寓言故事：郑人买履、守株待兔、讳疾忌医、老马识途、曾子杀猪、智子疑邻等

寓言故事表达的深刻道理

210.【古代文学】《吕氏春秋》 三、四、五级

与吕不韦有关的成语：奇货可居、一字千金等

寓言故事：刻舟求剑、掩耳盗铃、楚有直躬者等

《吕氏春秋》所反映的"杂家"思想

211.【古代文学】先秦其他著作 三、四、五级

包括：《国语》《晏子春秋》《列子》等

著名故事：智救养马人、杞人忧天、愚公移山、歧路亡羊等

"愚公移山""杞人忧天"等故事表达的深刻道理及对后世的影响

212.【古代文学】《淮南子》 三、四、五级

好神仙之术的刘安与"一人得道，鸡犬升天"传说故事

刘安是豆腐的发明者

寓言故事：女娲补天、嫦娥奔月、鲁阳挥戈止日、塞翁失马等

历史人物故事：齐桓公用宁戚、秦西巴纵麑等

名言：善游者溺，善骑者堕，各以其所好，反自为祸；患生于多欲，害生于弗备；事者难成而易败也，名者难立而易废也；等等

《淮南子》的思想内容

213.【古代文学】《史记》 四、五级

司马迁生平：遭受李陵之祸、发愤著《史记》等

《史记》著名故事：完璧归赵、破釜沉舟、鸿门宴、荆轲刺秦王、指鹿为马等

《史记》典型性细节故事：韩信受胯下之辱、李斯的"老鼠"之叹等

《史记》人物性格的共性特征

《史记》"实录"精神

214.【古代文学】汉乐府 四、五、六级

著名篇目：《上山采蘼芜》《孔雀东南飞》等

名言名句：少壮不努力，老大徒伤悲；耕者忘其犁，锄者忘其锄，来归相怨怒，但坐观罗敷；等等

"感于哀乐，缘事而发"的叙事诗

充满奇特想象的寓言诗：《枯鱼过河泣》《乌生》等

文化链接：《古诗十九首》

215.【古代文学】三曹 四、五、六级

曹操：名篇《龟虽寿》《短歌行》；名句"老骥伏枥，志在千里；烈士暮年，壮心不已""对酒当歌，人生几何……山不厌高，海不厌深。周公吐哺，天下归心"；等等

曹植：《七步诗》"本是同根生，相煎何太急"、《洛神赋》等

曹丕：七言诗《燕歌行》等

三曹的性格气质与诗歌特征

三曹与"建安七子"——孔融、陈琳、王粲、徐干、阮瑀、应玚、刘桢

人物链接：曹冲称象故事

216.【古代文学】陶渊明 四、五、六级

性格："先师有遗训，忧道不忧贫"、不为五斗米折腰

"不求甚解"的读书观

"世外桃源"的出处：《桃花源记》

名句：采菊东篱下，悠然见南山；羁鸟恋旧林，池鱼思故渊；及时当勉励，岁月不待人；等等

陶渊明田园诗的艺术风格

217.【古代文学】《世说新语》 三、四、五级

名篇：《望梅止渴》《周处除三害》《管宁割席》《杨修啖酪》等

曹操、周处、管宁、华歆、杨修等小说人物性格

218.【古代文学】王维 四、五级

著名诗篇：《鸟鸣涧》《九月九日忆山东兄弟》等

名句：劝君更进一杯酒，西出阳关无故人；大漠孤烟直，长河落日圆；月出惊山鸟，时鸣春涧中；明月松间照，清泉石上流；等等

优美的意境：诗中有画

219.【古代文学】李白 一、二、三、四、五、六级

作者趣事："只要功夫深，铁杵磨成针"的故事、黄鹤楼"搁笔亭"等

著名诗篇：《静夜思》《望庐山瀑布》等

名句：天生我材必有用，千金散尽还复来；长风破浪会有时，直挂云帆济沧海；等等

李白浪漫主义手法：夸张、比喻，强烈的主观感情色彩等

李白常用的意象类型和语言色调

220.【古代文学】杜甫 三、四、五、六级

命运坎坷的爱国诗人杜甫

成都杜甫草堂

著名诗篇：《石壕吏》《绝句》等

名句：会当凌绝顶，一览众山小；朱门酒肉臭，路有冻死骨；等等

正确理解杜诗的"诗史"性质

221.【古代文学】白居易 三、四、五、六级

作者趣事："略识之无""长安居大不易"等

名篇：《赋得古原草送别》《卖炭翁》《琵琶行》等

名句：野火烧不尽，春风吹又生；千呼万唤始出来，犹抱琵琶半遮面；可怜身上衣正单，心忧炭贱愿天寒；等等

白居易讽喻诗思想内容

白居易感伤类诗歌的杰出艺术

222.【古代文学】李商隐 五、六级

名篇：《夜雨寄北》《无题》（相见时难别亦难）等

名句：春蚕到死丝方尽，蜡炬成灰泪始干；身无彩凤双飞翼，心有灵犀一点通；夕阳无限好，只是近黄昏；等等

诗歌朦胧幽约的艺术美

223.【古代文学】唐代其他作家　一、二、三、四、五、六级

名家名作：王勃《送杜少府之任蜀州》、骆宾王《咏鹅》、高适《燕歌行》、王之涣《登鹳雀楼》、王昌龄《出塞》、孟浩然《春晓》、柳宗元《江雪》、孟郊《游子吟》、贾岛《题李凝幽居》、李绅《悯农》、杜牧《清明》等

散文等名篇：王勃《滕王阁序》、韩愈《师说》《马说》、柳宗元《三戒》等

名句：前不见古人，后不见来者；海内存知己，天涯若比邻；曲径通幽处，禅房花木深；欲穷千里目，更上一层楼；莫愁前路无知己，天下谁人不识君；沉舟侧畔千帆过，病树前头万木春；东边日出西边雨，道是无晴却有晴；等等

唐代诗酒唱和的风气

唐代科举温卷的风气

贾岛推敲的故事

224.【古代文学】李煜　四、五级

词的产生

词、诗在内容和题材上的差异

李煜名篇：《虞美人·春花秋月何时了》等

名句：问君能有几多愁，恰似一江春水向东流；独自莫凭栏，无限江山，别时容易见时难，流水落花春去也，天上人间；等等

李煜的遭际与后期词作的亡国之痛

225.【古代文学】柳永　五、六级

婉约词和豪放词

柳永轶事：奉旨填词柳三变

代表作：《雨霖铃·寒蝉凄切》《蝶恋花·伫倚危楼风细细》等

名句：今宵酒醒何处？杨柳岸晓风残月；衣带渐宽终不悔，为伊消得人憔悴；等等

226.【古代文学】范仲淹　四、五、六级

优秀品质："划粥割齑"刻苦攻读，仁政为民

名篇：《岳阳楼记》等

名句：先天下之忧而忧，后天下之乐而乐，等等

227.【古代文学】苏轼　四、五、六级

多才多艺的苏轼：文学家、书法家、美食家、画家、历史治水名人

与苏轼有关的物事：东坡肉、东坡堤等

性格特点：豪放乐观，洒脱豁达

名篇：《饮湖上初晴后雨》《题西林壁》等诗作，《水调歌头·明月几时有》等词作

名句：不识庐山真面目，只缘身在此山中；欲把西湖比西子，淡妆浓抹总相宜；人有悲欢离合，月有阴晴圆缺；等等

作品中词汇：胸有成竹、河东狮吼、沧海一粟等

苏诗是宋诗最高成就的代表

228.【古代文学】李清照　五、六级

李清照的生平遭际

名篇：《一剪梅·红藕香残玉簟秋》《声声慢·寻寻觅觅》等

名句：一种相思，两处闲愁；应是绿肥红瘦；这次第，怎一个愁字了得；等等

李清照前后期词作的比较

229.【古代文学】陆游　五、六级

伟大的爱国诗人

名篇：《示儿》《游山西村》等诗作，《钗头凤·红酥手》等词作

名句：山重水复疑无路，柳暗花明又一村，等等

陆游作品的意象特点

230.【古代文学】宋代其他作家　四、五、六级

宋诗其他名家：欧阳修、王安石、黄庭坚、朱熹等

宋诗名句：春色满园关不住，一枝红杏出墙来；小荷才露尖尖角，早有蜻蜓立上头；人生自古谁无死，留取丹心照汗青；等等

宋词其他名家：欧阳修、晏殊、晏几道、张先、秦观、张元干、辛弃疾等

宋词名句：月上柳梢头，人约黄昏后；无可奈何花落去，似曾相识燕归来；当时明月在，曾照彩云归；众里寻他千百度，蓦然回首，那人却在，灯火阑珊处；等等

唐诗、宋诗的区别

两宋之交词风的转变

231.【古代文学】关汉卿　四、五级

元曲的形成与特点

关汉卿代表作：《窦娥冤》等

窦娥等人物形象

232.【古代文学】王实甫　四、五级

王实甫经历及《西厢记》等代表作

《西厢记》对前代莺莺故事的借鉴、调整与改造

张生、崔莺莺、红娘等人物形象

《西厢记》的戏剧冲突

233.【古代文学】元代其他作家　四、五级

诗家词作：元好问《摸鱼儿·雁丘词》、马致远《天净沙·秋思》、睢景臣《哨遍·高祖还乡》等

著名曲作家、作品：白朴《梧桐雨》、马致远《汉宫秋》、纪君祥《赵氏孤儿》等

历史题材的选取与人物形象重塑

234.【古代文学】《三国演义》　二、三、四、五级

三国故事的长期流传与发展

《三国演义》"拥刘反曹"的主旨

著名情节：桃园三结义、三顾茅庐、过五关斩六将、苦肉计、草船借箭、空城计等

人物形象：曹操、刘备、诸葛亮、关羽、张飞等

人物形象塑造的脸谱化艺术特征

《三国演义》在当代的影响

《三国演义》在海外的传播与发展

《三国演义》人物形象与故事情节的真实性考察

235.【古代文学】《水浒传》　四、五、六级

水浒故事的长期流传与发展

《水浒传》"忠义"的主旨

著名情节：武松打虎、智取生辰纲、真假李逵等

人物形象：武松、宋江、李逵、林冲等

相关歇后语：西门庆请武大郎——没安好心，宋江的绰号——及时雨

《水浒传》"力""勇"英雄形象的群塑

《水浒传》在海外的传播

236.【古代文学】《西游记》　一、二、三、四、五级

玄奘西行印度题材的流传及唐僧师徒四人神话故事的演化

《西游记》体现了儒释道三教合一的思想

著名情节：美猴王出世、大闹蟠桃会、唐僧收悟空为徒、计收猪八戒等

人物形象：唐僧、孙悟空、猪八戒、沙僧、白骨精等

相关歇后语：猪八戒照镜子——里外不是人，如来佛抓孙大圣——易如反掌

《西游记》人物形象达到物性、神性、人性的完美统一

诙谐幽默的艺术塑造

《西游记》在国内、国外的影响

237.【古代文学】冯梦龙　三、四、五级

冯梦龙主要作品集："三言"及《广笑府》《古今谭概》

名篇：《杜十娘怒沉百宝箱》《卖油郎独占花魁》《十五贯戏言成巧祸》《白娘子永镇雷峰塔》等

幽默风趣故事：六只脚跑、直走横行、妙处难学、雇秋蝉好等

小说中的商人形象

238.【古代文学】《红楼梦》 五、六级

曹雪芹"生于繁华，终于沦落"的一生

著名情节：凤辣子初见林黛玉、宝黛初识、黛玉葬花、刘姥姥进大观园等

人物形象：贾宝玉、林黛玉、薛宝钗、王熙凤、刘姥姥等

象征手法的运用：人格象征、整体象征、情绪象征等

《红楼梦》的影响

239.【古代文学】《聊斋志异》 四、五级

蒲松龄与《聊斋志异》的创作

著名故事：《种梨》《劳山道士》《聂小倩》《狼三则》等

人物形象：聂小倩、连城等

240.【古代文学】《儒林外史》 五、六级

吴敬梓与《儒林外史》的创作

著名情节：放牛郎王冕学画荷、范进中举、严监生临死惜灯草等

人物形象：范进、严监生等

科举扭曲的社会和文人形象

独特的讽刺艺术

241.【古代文学】明清其他作家 四、五、六级

戏剧：汤显祖《牡丹亭》《邯郸记》、洪昇《长生殿》、孔尚任《桃花扇》等

散文：宋濂《送东阳马生序》、袁枚《黄生借书说》、彭端淑《为学一首示子侄》等

笔记小说：陶宗仪《南村辍耕录》、纪晓岚《阅微草堂笔记》等

242.【现当代文学】鲁迅 五、六级

鲁迅生平事迹

主要作品：《阿Q正传》《孔乙己》《祝福》《故乡》《药》等

人物形象：狂人、阿Q、孔乙己、祥林嫂、闰土、华老栓等

作家笔下的鲁迅形象：吴伯箫《早》、周晔《我的伯父鲁迅先生》、阿累《一面》等

通过《祝福》《孔乙己》解读封建社会吃人的本质

正确理解鲁迅作品所具有的思想启蒙精神

243.【现当代文学】郭沫若 四、五、六级

郭沫若生平事迹

诗歌作品：《凤凰涅槃》《天上的街市》等

历史剧：《屈原》《卓文君》《王昭君》《蔡文姬》《武则天》等

主体精神张扬的浪漫主义风格

历史剧中的屈原模式人物形象

244.【现当代文学】徐志摩　五、六级

代表作：《再别康桥》《翡冷翠的一夜》等

《再别康桥》诗歌意境美

新月派诗歌的特征：三美

245.【现当代文学】老舍　五、六级

"人民艺术家"老舍

主要作品：《骆驼祥子》《四世同堂》《茶馆》等

人物形象：祥子、虎妞、王利发等

老舍作品中的城市贫民形象

老舍作品中的京味文化

文化链接：城市名片"老舍茶馆"

246.【现当代文学】曹禺　五、六级

代表作：《雷雨》《日出》等

人物形象：周朴园、繁漪、鲁侍萍、陈白露

曹禺戏剧中的强烈矛盾冲突

247.【现当代文学】沈从文　四、五、六级

沈从文生平

代表作：《边城》等

人物形象：翠翠、三三等

沈从文创造"原始、自然生命形式"，具有人性美的乡村世界（湘西）

248.【现当代文学】钱锺书　六级

代表作：《围城》

名言：城中的人想出去，城外的人想冲进来

人物形象：方鸿渐、孙柔嘉、苏文纨等

逼真、传神地刻画知识分子的心理世界

249.【现当代文学】《白毛女》　四、五级

歌剧《白毛女》故事情节

人物形象：白毛女、杨白劳、黄世仁、穆仁智

文化链接：川剧《宜宾白毛女》罗昌秀的故事

250.【现当代文学】金庸　五、六级

　　武侠小说的内涵

　　作品：《射雕英雄传》《天龙八部》等

　　人物形象：郭靖、杨过、乔峰、韦小宝等

　　中国武侠文化的发展与演变

251.【现当代文学】刘心武　四、五级

　　伤痕文学的内涵

　　代表作：《班主任》《钟鼓楼》等

　　伤痕文学的其他作家、作品：卢新华《伤痕》等

　　人物形象：张俊石、路喜纯等

　　伤痕文学的社会意义和局限

252.【现当代文学】王蒙　五级

　　反思文学的内涵

　　代表作：《蝴蝶》《青春万岁》等

　　反思文学的其他作家、作品：茹志鹃《剪辑错了的故事》、古华《芙蓉镇》、谌容《人到中年》等

　　人物形象：张思远、李春、胡玉音、陆文婷等

　　反思文学的社会意义和局限

253.【现当代文学】路遥　四、五、六级

　　改革文学的内涵

　　代表作：《人生》《平凡的世界》等

　　改革文学的其他作家、作品：蒋子龙《乔厂长上任记》、张洁《沉重的翅膀》、贾平凹《腊月·正月》等

　　人物形象：高加林、孙少平、孙少安、乔光朴等

　　改革文学的社会意义和局限

254.【现当代文学】池莉　四、五、六级

　　新写实小说的内涵

　　代表作：《烦恼人生》《来来往往》等

　　新写实小说的其他作家、作品：方方《风景》、刘震云《一地鸡毛》等

　　人物形象：印家厚、康伟业、小林等

　　新写实文学的社会意义和局限

255.【现当代文学】舒婷　五、六级

　　朦胧诗与朦胧诗派

　　代表作：《致橡树》等

　　朦胧诗派的其他作家、作品：北岛《回答》、顾城《一代人》、海子《面朝大海，春暖花开》等

　　朦胧诗的意象与艺术手法

　　朦胧诗的社会意义和局限

256.【现当代文学】莫言　六级

　　代表作：《红高粱》系列等

　　人物形象：九儿、"我爷爷"

　　莫言小说思想与艺术特点

257.【现当代文学】余华　四、五、六级

　　代表作：《活着》

　　人物形象：徐福贵、家珍等

　　余华小说思想与艺术特点

258.【现当代文学】刘慈欣　五、六级

　　中国科幻文学的内涵

　　代表作：《三体》《流浪地球》《乡村教师》等

　　中国科幻小说的其他作家、作品：郑文光《飞向人马座》、童恩正《珊瑚岛上的死光》、
　　　　　　　　韩松《红色海洋》等

　　人物形象：叶文洁、章北海等

　　科幻小说的社会意义和局限

259.【民间文学】人物传说　三、四、五级

　　四大民间爱情传说：孟姜女哭长城、天仙配、白蛇传、梁山伯与祝英台

　　人物传说的分类：神仙传说、文人传说、巧匠名医传说、帝王将相传说、起义英雄传说、政治历
　　　　　　史人物传说

260.【民间文学】史事传说　四、五级

　　包括：徐福东渡传说、王昭君故事、岳飞抗金传说等

　　史事传说中的人物故事与真实历史的差别

261.【民间文学】风物传说　一、二、三、四、五级

　　包括：十二生肖传说、压岁钱传说、马头琴传说等

262.【民间文学】民间故事　一、二、三、四、五级

　　神话故事：哪吒闹海、八仙过海、七彩虹等

幽默故事：阿凡提故事、此地无银三百两等

263.【民间文学】民间说唱　二、三、四级

相声：《连升三级》《关公战秦琼》《老鼠嫁女》等

快板：《武松赶会》《小两口抬水》等

评书：《武松杀嫂》《赤壁之战》等

264.【民间文学】俗语故事　四、五级

包括：有事钟无艳，无事夏迎春；天要下雨，娘要嫁人；君子报仇，十年不晚；宰相肚里能撑船；三个臭皮匠，顶个诸葛亮；等等

故事内容与内涵

265.【儿童文学】儿歌与儿童诗　一、二、三、四级

儿歌：摇篮歌，如《摇篮曲》；数数歌，如《一二三四五》；游戏歌，如《找朋友》《丢手绢》；问答调，如《你姓啥》《什么好》；绕口令，如《四和十》；字头歌，如《谁在水里穿裙子》；等等

儿童诗：童话诗，如阮章竞《金色的海螺》；叙事诗，如任溶溶《爸爸的老师》；科学诗，如高士其《大阳的工作》；抒情诗，如高帆《我看见了风》；等等

266.【儿童文学】儿童童话与寓言　一、二、三、四级

童话：张天翼《宝葫芦的秘密》、贺宜《小公鸡历险记》、陈伯吹《一只想飞的猫》、金近《狐狸打猎人的故事》、洪汛涛《神笔马良》、孙幼军《小布头奇遇记》、葛翠琳《野葡萄》、包蕾《猪八戒新传》、任溶溶《没头脑和不高兴》、郑渊洁《皮皮鲁外传》等

寓言：古代寓言故事，如叶公好龙、拔苗助长等；当代寓言故事，如何公超《小金鱼》、彭文席《小马过河》、湛卢《猴子磨刀》、金江《乌鸦兄弟》等

267.【儿童文学】儿童故事　一、二、三、四级

民间故事：《牛郎织女》等

历史故事：田之《晋国故事》等

谜语故事：《谁是大队长》等

动物故事：《麻雀和老鼠打官司》等

268.【儿童文学】儿童小说　三、四级

包括：徐光耀《小兵张嘎》、郑春华《大头儿子和小头爸爸》、曹文轩《草房子》、杨红樱《淘气包马小跳》等

269.【儿童文学】儿童科学文艺　一、二、三、四级

包括：方惠珍和盛璐德《小蝌蚪找妈妈》、童恩正《珊瑚岛上的死光》、叶永烈《小灵通漫游未来》、郑文光《飞向人马座》等

270.【儿童文学】儿童影视　三、四级

包括：《黑猫警长》《喜洋洋与灰太狼》《熊出没》《百变猪猪侠》《大头儿子和小头爸爸》等

（四）历史

271.【先秦】华夏之祖　四、五级

三皇五帝："三皇"伏羲、神农、黄帝，"五帝"少昊、颛顼、帝喾、尧、舜等多种说法

文化象征意义

文化链接：仓颉造字、女娲补天、黄帝御龙升天、大禹治水等

272.【先秦】夏朝　五级

夏朝的建立

由公天下到家天下的转变

后羿代夏

夏桀亡国

273.【先秦】商朝　四、五级

仁义的商汤：网开三面、桑林祈雨等

商部落的民族性格：经商

甲骨文的产生与清末的发现

274.【先秦】西周　四、五级

周文王礼贤下士：任用渭水垂钓、愿者上钩的姜尚等

牧野之战

伟大的周公：一沐三握发，一饭三吐哺；制礼作乐

西周的灭亡：周幽王烽火戏诸侯的传说

275.【先秦】灿烂的青铜文明　五、六级

青铜器杰作：司母戊大方鼎、四羊方尊、毛公鼎等

青铜器的用途和审美特征

276.【先秦】春秋诸侯争霸　四、五级

重要人物：尊王攘夷的齐桓公、讲仁义太过的宋襄公、讲诚信的晋文公、一鸣惊人的楚庄王、卧薪尝胆的勾践等

典型事例：泓水之战、晋文公攻原等

体现的思想观念

277.【先秦】战国七雄　五、六级

著名战役：围魏救赵、马陵之战、长平之战等

体现的军事思想

战国时期的改革思想

278.【先秦】神医扁鹊　四、五级

中医四诊法的发明

典籍中的记载：医治赵简子五日不醒之症、虢国太子起死回生、扁鹊见蔡桓公等

传说故事

279.【先秦】百家争鸣　四、五、六级

百家争鸣的形成原因

著名学派：儒家、道家、墨家、法家、兵家等

代表人物：孔子、孟子、荀子、老子、庄子、墨子、商鞅、韩非子、孙武等

各派主要思想

百家争鸣对后世的深远影响

280.【秦汉】秦始皇　四、五、六级

建立秦朝后采取的政治、经济等措施：实行封建专制制度，建立郡县制，统一货币、度量衡，修长城，等等

采取的文化思想措施：统一文字、焚书坑儒等

有关秦始皇的故事传说：孟姜女哭长城、秦始皇赶山等

后世对秦始皇的评价

281.【秦汉】陈胜吴广起义　五级

人物性格：陈胜"燕雀安知鸿鹄之志"

大泽乡起义过程

秦末农民起义的伟大意义及深远影响

282.【秦汉】文景之治　四、五级

历史背景

采取政策

相关人物链接：缇萦替父赎罪与文帝废除肉刑

283.【秦汉】张骞出使西域与丝绸之路的开通　五、六级

出使背景

张骞第一次出使过程

张骞第二次出使过程

陆上丝绸之路的开通

陆上丝绸之路在后世的变化

丝绸之路对当代社会的影响

284.【秦汉】蔡伦改进造纸术　四、五级

　　蔡伦改进造纸术之前的书写状况

　　蔡伦主导的革新

　　造纸术在后世的普遍应用

　　造纸术的向外传播

285.【秦汉】科学家张衡　三、四、五级

　　人物故事：幼时爱看星星等

　　发明创造：地动仪等

286.【秦汉】制成麻沸散的华佗　四、五、六级

　　医学成就：外科手术

　　重要发明：麻沸散

　　健身体操：五禽戏

　　治病故事

　　人物链接：坐堂先生张仲景

287.【秦汉】挟天子以令诸侯的曹操　四、五、六级

　　东汉末的社会局面

　　曹操挟天子以令诸侯

　　官渡之战

　　赤壁之战

　　有关曹操的词语：说曹操，曹操到；望梅止渴；等等

　　曹操对历史的贡献

　　历史上的曹操与《三国演义》中的差异

288.【三国魏晋南北朝】三国鼎立　四、五级

　　社会局面：魏、蜀、吴三国建立

　　刘禅"乐不思蜀"的典故

　　诸葛亮治蜀

　　历史上的诸葛亮与《三国演义》中的差异

289.【三国魏晋南北朝】西晋的建立与灭亡　四、五级

　　"司马昭之心，路人皆知"的典故

　　八王之乱

　　五胡乱华

　　刘琨、祖逖闻鸡起舞

290.【三国魏晋南北朝】淝水之战　四、五级

　　时代背景

　　战争进程

　　草木皆兵、风声鹤唳的典故

291.【三国魏晋南北朝】北魏孝文帝的改革　五级

　　时代背景

　　改革措施：穿汉服、说汉话、与汉族通婚等

　　北魏孝文帝改革的重要意义与影响

292.【隋唐】实现南北统一的隋文帝　四、五级

　　隋文帝勤俭节约的故事

　　实现南北统一的伟大贡献

　　文化链接：隋炀帝开通大运河、举行科举考试

293.【隋唐】李世民"贞观之治"　四、五、六级

　　李世民从谏如流

　　贞观之治：对内、对外政策

　　文化链接：回纥"千里送鹅毛"的故事，门神"秦琼、尉迟恭"的来历

294.【隋唐】女皇武则天　四、五、六级

　　传奇经历与人物性格

　　政治措施与成就

　　故事链接：请君入瓮等

295.【隋唐】唐玄宗"开元盛世"　五、六级

　　开元盛世

　　擅长音乐、喜欢舞蹈：谱《霓裳羽衣曲》，在皇宫里设教坊、"梨园"

　　宠爱杨贵妃、偏信杨国忠，致安史之乱发生

　　人物链接：杨贵妃之死

296.【宋元】黄袍加身的赵匡胤　四、五级

　　黄袍加身的故事

　　杯酒释兵权的故事

　　科举制度的改革：弥封、誊录、锁院等

　　文化链接："开卷有益"的宋太宗

297.【宋元】铁面无私的包拯　四、五级

　　包拯性格：刚正不阿、廉洁无私

- 71 -

历史演义《包公传》故事：乌盆案等

文化链接：传统戏曲《秦香莲》（又名《铡美案》）

包拯成为文化象征符号

298.【宋元】著《资治通鉴》的司马光　三、四级

人物故事：司马光砸缸、圆木警枕等

政治成绩

文学与史学成就

人物链接：王安石实行变法

新旧党争

299.【宋元】抗金名将岳飞　四、五级

岳飞事迹

悲剧命运

岳飞成为中国文化象征符号

文化拓展：杭州岳王庙中的雕像

300.【宋元】民族英雄文天祥　五、六级

文天祥事迹

名句理解：人生自古谁无死，留取丹心照汗青

301.【宋元】四大发明之三大发明——宋代辉煌的科技　四、五级

毕昇与活字印刷术

指南针的发明

火药的广泛应用

文化链接：元代王祯发明木活字与排字盘

四大发明的向外传播路线

302.【明清】郑和下西洋　四、五级

幼时故事：小郑和造船

郑和下西洋的历史背景

具体过程

伟大贡献

与西方哥伦布、麦哲伦航海的比较

303.【明清】李时珍　四、五、六级

野外考察的艰难历程

成就：《本草纲目》

304.【明清】郑成功收复台湾 四、五级

时代背景

收复台湾的过程

伟大意义

305.【近现代】林则徐禁烟 四、五级

林则徐生平事迹

禁烟的背景与过程

伟大意义

文化链接：世界禁毒日

306.【近现代】鸦片战争 五级

历史背景

战争过程

结果与影响

307.【近现代】辛亥革命与孙中山 三、四、五级

辛亥革命的爆发原因与过程

意义与影响

伟大的孙中山：幼时故事、革命理想与实践、历史功绩

文化链接：中山装

308.【近现代】劳工与华侨华人 四、五、六级

劳工的产生背景

早期华侨：修建合恩角的第一批美国华人劳工，去东南亚的劳工

从华侨到华人的转变

杰出人物：陈嘉庚、包玉刚、丁龙、杨振宁、朱棣文、崔琦、骆家辉等

309.【近现代】五四运动 六级

历史背景

事件过程

意义与影响

310.【近现代】抗日战争 五、六级

历史背景

九一八事变

卢沟桥事变

抗日战争胜利

意义与影响

311.【近现代】中华人民共和国成立与毛泽东　四、五级

开国大典

伟大意义与影响

伟大的毛泽东：革命理想与实践、历史功绩等

312.【近现代】改革开放与邓小平　五、六级

改革开放的时代背景

四个经济特区

伟大意义与影响

伟大的邓小平：革命理想与实践、历史功绩等

313.【近现代】香港回归　五、六级

香港问题的由来：《南京条约》

中英谈判

"一国两制"的构想与实践

香港顺利回归

香港的繁荣与稳定

314.【近现代】澳门回归　五、六级

澳门问题的由来：明朝时期葡萄牙获得澳门租借居住权

中葡谈判

澳门顺利回归

澳门的繁荣与稳定

（五）古代哲学与宗教

315.【儒家】儒家思想　五、六级

儒家学派的产生

主要思想观念

316.【儒家】儒家流派　五、六级

主要流派：思孟学派、荀子学派、董仲舒今文经学、程朱理学、陆王心学等

流派特点

317.【儒家】孔子　一、二、三、四、五、六级

孔子经历：求学，从政，周游列国，整理六经

其思想核心：仁德

政治思想：德治与礼治

政治理想：天下为公、大同世界

经济思想：见利思义

哲学思想：中庸

教育思想：有教无类、因材施教等

名言名句：己所不欲，勿施于人；为政以德，譬如北辰，居其所而众星共之；君子食无求饱，居无求安，敏于事而慎于言，就有道而正焉，可谓好学也已；夫人不言，言必有中；等等

生动故事：苛政猛于虎，等等

文化链接：孔门弟子，如安于贫贱的颜渊、至孝的曾子、心直口快的子路、懒惰的宰予、能听鸟语的公冶长，等等

318.【儒家】孟子　三、四、五、六级

孟子经历：求学，游说各国

理论依据：性善说

政治思想：民本思想，仁政

义利思想：舍生取义

伦理道德思想：仁义礼智等

教育思想：易子而教等

人格理想：养浩然正气

名言名句：拔苗助长、五十步笑百步、月攘一鸡、专心致志等

名篇：《鱼我所欲也》《天时不如地利》，《告子下》"故天将降大任于是人也"等

319.【儒家】荀子　四、五、六级

理论依据：性恶论、化性起伪

政治观：隆礼重法、法后王

天道观：天人相分、人定胜天

教育观：青出于蓝而胜于蓝、劝学、礼法等

认识论：虚一而静，学至于行之而止，等等

名言名句：君子博学而日参省乎己，则知明而行无过矣；道虽迩，不行不至，事虽小，不为不成；锲而舍之，朽木不折，锲而不舍，金石可镂；等等

名篇：《劝学》等

320.【儒家】董仲舒　五、六级

董仲舒经历：三年不窥园、天人三问等

著名思想：天人感应、大一统、三纲五常等

政治主张：罢黜百家、表彰六经

321.【儒家】程颐 三、四、五、六级

程颐故事：程门立雪、丁郎鸟和丁郎蛋等

理学思想："天理"论

教育思想：以伦理道德为先

322.【儒家】朱熹 四、五、六级

朱熹故事：追索其诗等

动静观

格物致知论

读书六法：循序渐进、熟读精思、虚心涵泳、切己体察、着紧用力、居敬持志

朱熹思想的巨大影响

323.【儒家】王阳明 六级

王阳明事迹：格竹等

知行合一、致良知的深刻思想

324.【道家】道家思想 六级

道家学派的产生

主要思想

道家与儒家的思想差异

深远影响

325.【道家】道家流派 五、六级

道家类型：黄老之学、老庄之学、杨朱之学等

不同的思想与政治主张：如杨朱"拔一毛而利天下，不为也"等

326.【道家】老子 四、五、六级

"道"的内涵

顺其自然的深刻思想

无为而无不为的政治观念

对立而又统一的辩证法思想

名言名句：道生一，一生二，二生三，三生万物；人法地，地法天，天法道，道法自然；上善若水，水善利万物而不争；大方无隅，大器晚成，大音希声，大象无形；等等

文化拓展：《淮南子·塞翁失马》故事

对后世的深远影响

327.【道家】庄子 四、五、六级

齐物论哲学思想

逍遥游人生理想

寓言故事：朝三暮四、庄生梦蝴蝶、濠上之游、鼓盆而歌等

名言名句：至人无己，神人无功，圣人无名；人皆知有用之用，而莫知无用之用也；人莫鉴于流水，而鉴于止水；意之所随者，不可以言传也；言者所以在意，得意而忘言；等等

大鹏的原型与演变

庄子思想对后世的深远影响

328.【墨家】墨家思想　六级

　　墨家学派的产生

　　主要思想：兼爱、非攻、节用、明鬼等

329.【墨家】墨家流派　六级

　　主要流派：相里氏之墨、相夫氏之墨、邓陵氏之墨

　　贡献：机械制造、逻辑学

　　先秦为"显学"的墨家在后世逐渐衰微

330.【墨家】墨子　四、五、六级

　　兼爱与非攻思想

　　天志与明鬼观念

　　尚贤与尚同观念

　　文化比较：墨家"爱无差等"与儒家"爱有差等"观念

　　墨子故事：墨子泣丝、墨守成规等

331.【法家】法家思想　六级

　　法家学派的产生

　　主要思想：以法治为核心，以富国强兵为己任

332.【法家】法家流派　五、六级

　　包括：管仲、韩非子、李斯等

　　管仲的事迹与思想

　　韩非子的事迹与思想

　　李斯的事迹与思想

　　法家对后世的深远影响

333.【法家】商鞅　四、五级

　　人物事迹：立木建信

　　变法内容

　　产生的影响

334.【兵家】兵家思想　六级

　　兵家学派的产生

　　主要思想：守"正"用"奇"，等等

335.【兵家】兵家流派　五、六级

　　包括：兵权谋家、兵形势家、兵阴阳家、兵技巧家

　　孙膑的事迹与思想：围魏救赵、减灶之计等

　　吴起的事迹与思想

　　《三十六计》的计谋与相关故事内容

336.【兵家】孙武　四、五、六级

　　《孙子兵法》的主要思想

　　名言及内涵：知彼知己，百战不殆；攻其无备，出其不意；不战而屈人之兵；等等

　　《孙子兵法》在国内、国外的重大影响

337.【原始信仰】自然崇拜　三、四、五、六级

　　原始信仰的起源：万物有灵观念

　　原始信仰分类：自然崇拜、图腾崇拜、祖先崇拜等

　　自然崇拜包括：植物崇拜、动物崇拜、天体崇拜（如天神、地神、日神、月神、河神、山神）等

　　自然崇拜的具体体现：玉璧、玉琮等祭祀之物

338.【原始信仰】图腾崇拜　三、四、五、六级

　　图腾举例：龙、凤、麒麟等

　　图腾符号及象征意义

　　图腾崇拜的外在体现：中华第一龙等

　　相关文化故事：麒麟送子等

339.【原始信仰】祖先崇拜　三、四、五级

　　祖先崇拜观念的产生

　　当代节日中的祭祖：清明、元旦、春节祭祖

　　祭祖大典：黄帝陵祭祀大典等

340.【道教】道教思想　六级

　　道教的创立

　　道教的基本信仰

　　最终目标

　　修炼方式

　　道教对后世的深刻影响

文化链接：道教与道家的渊源、流变

341.【道教】道教神祇 四、五级

道教神仙谱系

"接地气"的神仙：土地神、城隍神、灶君、门神、路神等

妈祖文化

著名文化遗迹：上海城隍庙等

342.【道教】道教著名故事 四、五级

著名故事：八仙过海、返老还童、千里姻缘一线牵、刘海戏金蟾、泰山石敢当等

343.【佛教】佛教的传入与发展 五、六级

佛教传入的背景与白马寺的建立

印度佛教传入中国的三条路线

佛教在中国的发展：大乘佛教、小乘佛教、藏传佛教

佛教在朝鲜、韩国、日本等国的传播

344.【佛教】佛教思想 五级

"因果报应"等观念

观念的呈现方式：壁画与雕塑、文学作品、讲唱故事等

345.【佛教】"佛—菩萨—罗汉"系统 五、六级

超越六道轮回者：弥勒佛、观音菩萨等

文化符号：弥勒佛笑口常开、送子观音等

相关故事：布袋和尚、三公主妙善等

346.【佛教】著名高僧 五、六级

著名高僧：达摩、玄奘、慧能等

著名高僧的成就与贡献

347.【佛教】佛教石窟 四、五、六级

石窟代表：敦煌莫高窟、麦积山石窟、龙门石窟、云冈石窟等

著名洞窟：莫高窟的第17窟、第96窟、第130窟、第148窟，麦积山石窟的第5窟、第165窟，
　　　　龙门石窟的奉先寺洞窟、万佛洞洞窟，云冈石窟的昙曜五窟，等等

石窟壁画的内容

栩栩如生的艺术形式与丰富的思想内涵

348.【佛教】佛教著名故事 三、四、五级

著名故事：九色鹿、盲人摸象等

寄寓的深刻思想

（六）艺术

349.【音乐】民族乐器　四、五、六级

　　出土乐器：曾侯乙编钟、贾湖骨笛、彩绘凤纹石编磬等

　　民族乐器：二胡、古筝、胡琴、琵琶等

　　著名表演艺术家：刘天华、阿炳等

　　乐器描述

350.【音乐】古典名曲　四、五、六级

　　名曲：《高山流水》《十面埋伏》《春江花月夜》《二泉映月》等

　　乐曲内容与艺术赏析

　　《二泉映月》等古典名曲在世界的广泛影响

351.【音乐】与音乐有关的典故　四、五级

　　典故：知音、余音绕梁、响遏行云、滥竽充数、对牛弹琴、广陵散于今绝矣等

352.【音乐】古代音乐家　五、六级

　　著名音乐家：师旷、蔡文姬、唐玄宗李隆基等

　　作品：《胡笳十八拍》《霓裳羽衣舞》《梅花三弄》等

　　作品赏析

353.【音乐】近现代音乐家　四、五、六级

　　著名音乐家：阿炳、聂耳、冼星海、贺绿汀、王洛宾、雷振邦、乔羽、谷建芬等

　　著名作品：《义勇军进行曲》《黄河大合唱》《在那遥远的地方》等

　　作品赏析

354.【戏曲】京剧　四、五、六级

　　京剧的发展历史

　　脸谱艺术

　　舞台与道具艺术

　　著名表演艺术家：谭鑫培、梅兰芳、尚小云、程砚秋、荀慧生、杨小楼、马连良、梅葆玖等

　　著名剧目：《贵妃醉酒》《群英会》《苏三起解》等

　　作品赏析

355.【戏曲】豫剧　四、五、六级

　　豫剧的发展历史

　　豫剧特点

　　著名表演艺术家：常香玉、马金凤等

　　著名剧目：《花木兰》《朝阳沟》《穆桂英挂帅》《花打朝》等

作品赏析

356.【戏曲】黄梅戏 四、五、六级

黄梅戏的发展历史

黄梅戏特点

著名表演艺术家：严凤英、王少舫等

著名剧目：《天仙配》《女驸马》等

作品赏析

357.【戏曲】越剧 四、五、六级

越剧特点

著名表演艺术家：袁雪芬、尹桂芳、范瑞娟、傅全香、徐玉兰、王文娟等

著名剧目：《梁山伯与祝英台》《西厢记》《狸猫换太子》等

作品赏析

358.【戏曲】其他剧种 四、五、六级

其他剧种包括：评剧、川剧、粤剧、藏戏等

各自特点：川剧的变脸、以演现代剧目见长的评剧等

著名表演艺术家：李金顺、唐东杰布等

著名剧目：评剧《杨三姐告状》、川剧《武松杀嫂》、粤剧《昭君出塞》、藏戏《文成公主》等

作品赏析

359.【书法】文房四宝 三、四、五级

文房四宝的优秀代表：宣纸、徽墨、湖笔、端砚

文房四宝的起源与发展

360.【书法】古代著名书法家 四、五、六级

著名书法家：王羲之、王献之、欧阳询、颜真卿、柳公权、怀素、米芾、苏轼等

著名作品：《兰亭集序》、《中秋帖》（又名《十二月帖》）、《祭侄文稿》、《玄秘塔碑》、《自叙帖》、《黄州寒食帖》、《蜀素帖》

王羲之等书法家的艺术风格

作品创作缘由与书法赏析

361.【书法】近现代著名书法家 四、五、六级

著名书法家：于右任、李叔同、启功、欧阳中石、沈鹏等

于右任等书法家的艺术风格

作品赏析

362.【书法】与书法有关的典故　三、四、五级

　　典故：入木三分、洗墨池、退笔冢、十八口大缸、米公拜石等

　　表达思想：持之以恒的学习态度

　　文化链接：唐太宗学书法、康熙学书法等

363.【绘画】中国画的特点　五、六级

　　画分三科：山水、人物、花鸟

　　画法分类：工笔画、写意画

　　各自特点与代表作

　　文化链接：人物御龙帛画

364.【绘画】古代著名画家　四、五、六级

　　著名画家与画作：顾恺之《洛神赋图》、阎立本《步辇图》、周昉《簪花仕女图》、顾闳中《韩熙载夜宴图》、张择端《清明上河图》、韩滉《五牛图》、倪瓒《六君子图》等

　　作品创作缘由

　　画作风格特点

　　对后世的影响

365.【绘画】近现代著名画家　四、五、六级

　　著名画家与画作：徐悲鸿《八骏图》、齐白石《墨虾》、张大千《秋海棠》、黄宾虹《山居烟雨》、李可染《万山红遍》、李苦禅《松鹰图》、吴冠中《长江三峡》等

　　作品创作缘由

　　画作风格特点

　　在后世的影响

366.【绘画】与绘画有关的典故　四、五级

　　典故：画龙点睛、胸有成竹等

　　体现的艺术精神：凝神忘我、谦虚好学、匠心独具等

　　画家故事：戴嵩与牧童、唐伯虎画骆驼、齐白石画虾等

367.【雕刻】动物图案　四、五级

　　典型图案：五福临门、龙凤呈祥、马上封侯等

　　美好寓意

　　艺术手法

368.【雕刻】植物图案　四、五级

　　典型图案：岁寒三友、四君子、仙桃祝寿、牡丹花开富贵、喜上眉梢等

　　美好寓意

艺术手法

369.【雕刻】器物图案　四、五级

　　典型图案：中国结、八宝、如意、博古、文房四宝等

　　美好寓意

　　艺术手法

370.【雕刻】人物图案　四、五级

　　典型图案：八仙过海、郭子仪祝寿等

　　美好寓意

　　艺术手法

文化点检索一：文化分类检索

【说明】

①以文化分类检索文化点，是从文化大类—小类—子类的分类查找文化点的方法。这一纲举目张、沿源探波、循序渐进的方法，对整体了解中华文化体系颇有助益。

②大类4项，小类21项，子类101项，文化点370项。

③序号，表示该文化点在文化大纲中的次序，依此可至"文化条目"检索。

大类	小类	子类	文化点	序号
物质文化	服饰	布料	传统布料	1
		服装	古代服装、近代服装、当代服装	2—4
		鞋子	传统鞋子	5
		帽饰	传统帽饰	6
	饮食	饮食观念	传统饮食观念、当代饮食观念	7、8
		菜式	鲁菜、川菜、粤菜、湘菜、苏菜、闽菜、浙菜、徽菜、非著名菜系之特色菜肴	9—17
		主食	特色面食、特色米食	18、19
		小吃	特色小吃	20
		茶	茶的历史、茶的功用、茶的传播、茶艺、绿茶、花茶、乌龙茶、红茶、白茶、黑茶	21—30
		酒	酒的历史、白酒、黄酒、有关"酒"的典故	31—34
		中国饮食的全球化	外国饮食的输入、中式快餐的成长、中国饮食在海外的当地化	35—37
	器用	木（草）质器用	木质生活器用	38
		金属器用	金属生活器用	39
		陶瓷	陶器的历史、原始陶器、唐三彩、瓷器的历史、定窑、汝窑、哥窑、钧窑、官窑、景德镇窑、外销瓷	40—50
	建筑	宫殿	古代宫殿、现代会堂	51、52
		民居	传统民居	53
		军事建筑	防御工程	54
		陵墓与祭祀场所	陵墓、祭祀场所	55、56
		宗教建筑	寺庙与道观	57
		文化体育建筑	当代文化景观与场所、当代体育建筑	58、59
		商业建筑	当代商业建筑	60
		园林	古代皇家园林、古代私家园林、现代城市综合公园、现代动物园、现代植物园	61—65

续表

大类	小类	子类	文化点	序号
物质文化	交通	公路	古代公路、现代公路	66、67
		铁路	现代铁路	68
		水路	古代水路、现代水路	69、70
		航空航天	古代飞天梦想、现代航空、现代航天	71—73
		信息传递	古代信息传递、现代信息传递	74、75
		物资流动	古代物流、现代物流	76、77
制度文化	宗法制度	宗法制度的确立	宗法制度的形成与演变、宗法制度内容	78、79
		宗法制度的影响	宗法制度对古代社会的影响、宗法制度对当代社会的影响	80、81
	姓氏制度	姓氏的产生与确定	姓氏来源、《百家姓》	82、83
		名字的确定	名字的择取艺术	84
	婚姻家庭制度	婚姻观念	古代婚姻观念、当代婚姻观念	85、86
		婚姻形态	古代婚姻类型、当代婚姻形式	87、88
		婚姻功能	古代政治婚姻	89
		婚礼习俗	古代婚俗、当代婚俗	90、91
		婚姻美满的典范	古代婚姻的典范、当代婚姻的典范	92、93
		家庭观念	古代家庭观念、当代家庭观念的变化	94、95
		家庭生产	古代家庭角色分工模式、当代家庭角色分工模式	96、97
		家庭教育	古代家庭教育、当代家庭教育	98、99
	经济制度	土地制度	古代土地制度、当代土地制度	100、101
		经济模式	古代小农经济、古代手工业经济、古代商业经济、当代社会主义市场经济模式	102—105
		资源的保护与开发	当代土地资源、当代水资源、当代动植物资源、当代矿产资源、当代旅游资源	106—110
		对外经济	古代外贸经济、世界工厂与当代中国制造	111、112
	政治制度	疆域	古代疆域、当代领土、当代领海	113—115
		人口	古代人口观念与政策、当代人口观念与政策、古代人口分布、当代人口分布及发展趋势	116—119
		基本政治制度	古代基本政治制度、当代基本政治制度	120、121
		中央行政制度	古代中央行政制度、当代中央行政制度	122、123
		地方行政区域制度	古代政区、当代政区	124、125
		官员选拔制度	科举制度形成之前的选拔制度、科举制度的形成与发展、科举考试的经典故事、当代官员选拔制度与措施	126—129

续表

大类	小类	子类	文化点	序号
制度文化	民族与对外交往制度	民族制度	中华民族的形成、古代少数民族的构成、当代少数民族的构成、古代民族政策、当代民族政策	130—134
		对外交往	古代对外交往、当代对外交往	135、136
	学校教育	教育观念	古代教育观念、当代教育观念	137、138
		办学形式	古代官学、古代私学、当代办学形式的多样化	139—141
		教育内容	古代蒙学读物、古代科举的教育内容、近代新式学堂的教育内容、当代学校教育内容	142—145
	礼仪制度	祭祀	古代祭祀大典、当代祭祀大典	146、147
		礼器	古代祭祀与陪葬器物	148
		人生礼仪	古代人生成长仪式	149
		学校礼仪	古代学校礼仪教育、当代学校礼仪教育	150、151
		生活礼仪	日常生活礼仪	152
行为文化	民俗行为文化	传统历法与节日	农历与节气、春节、元宵节、清明节、端午节、七夕节、中秋节、重阳节	153—160
		当代节日	教师节、国庆节、劳动节、妇女节	161—164
		生活民俗	手工技艺、生活禁忌	165、166
		游艺民俗	娱乐活动	167
		民间观念	数字喜忌、颜色喜忌	168、169
	交际行为文化	言语	称谓、问候、介绍、邀请、拜访、招待、告别、馈赠	170—177
		体态	面部表情、手势与身势、身体接触、服饰与化妆	178—181
		态度	自谦与敬人、拒绝、批评、感谢、赞扬	182—186
		表达方式	委婉与直接、正问与反问	187、188
心态文化	思想观念	世界观	阴阳五行观念、天人合一观念、天下大同理想	189—191
		价值观	中华文化的价值核心、中华文化的价值体系、中华文化的价值理想	192—194
		伦理道德观	中华美德	195
	语言文字	国家通用语	普通话	196
		汉语方言	方言分类与分布、方言在海外的流播	197、198
		汉字的发展历史	汉字起源与演变、汉字构造	199、200
		汉字的文化及应用	汉字故事、汉字艺术及应用、汉字在海外的使用	201—203

续表

大类	小类	子类	文化点	序号
心态文化	文学	古代文学	远古神话、《诗经》、《左传》、《战国策》、屈原、《韩非子》、《吕氏春秋》、先秦其他著作、《淮南子》、《史记》、汉乐府、三曹、陶渊明、《世说新语》、王维、李白、杜甫、白居易、李商隐、唐代其他作家、李煜、柳永、范仲淹、苏轼、李清照、陆游、宋代其他作家、关汉卿、王实甫、元代其他作家、《三国演义》、《水浒传》、《西游记》、冯梦龙、《红楼梦》、《聊斋志异》、《儒林外史》、明清其他作家	204—241
		现当代文学	鲁迅、郭沫若、徐志摩、老舍、曹禺、沈从文、钱锺书、《白毛女》、金庸、刘心武、王蒙、路遥、池莉、舒婷、莫言、余华、刘慈欣	242—258
		民间文学	人物传说、史事传说、风物传说、民间故事、民间说唱、俗语故事	259—264
		儿童文学	儿歌与儿童诗、儿童童话与寓言、儿童故事、儿童小说、儿童科学文艺、儿童影视	265—270
	历史	先秦	华夏之祖、夏朝、商朝、西周、灿烂的青铜文明、春秋诸侯争霸、战国七雄、神医扁鹊、百家争鸣	271—279
		秦汉	秦始皇、陈胜吴广起义、文景之治、张骞出使西域与丝绸之路的开通、蔡伦改进造纸术、科学家张衡、制成麻沸散的华佗、挟天子以令诸侯的曹操	280—287
		三国魏晋南北朝	三国鼎立、西晋的建立与灭亡、淝水之战、北魏孝文帝的改革	288—291
		隋唐	实现南北统一的隋文帝、李世民"贞观之治"、女皇武则天、唐玄宗"开元盛世"	292—295
		宋元	黄袍加身的赵匡胤、铁面无私的包拯、著《资治通鉴》的司马光、抗金名将岳飞、民族英雄文天祥、四大发明之三大发明——宋代辉煌的科技	296—301
		明清	郑和下西洋、李时珍、郑成功收复台湾	302—304
		近现代	林则徐禁烟、鸦片战争、辛亥革命与孙中山、劳工与华侨华人、五四运动、抗日战争、中华人民共和国成立与毛泽东、改革开放与邓小平、香港回归、澳门回归	305—314
	古代哲学与宗教	儒家	儒家思想、儒家流派、孔子、孟子、荀子、董仲舒、程颐、朱熹、王阳明	315—323
		道家	道家思想、道家流派、老子、庄子	324—327
		墨家	墨家思想、墨家流派、墨子	328—330

续表

大类	小类	子类	文化点	序号
心态文化	古代哲学与宗教	法家	法家思想、法家流派、商鞅	331—333
		兵家	兵家思想、兵家流派、孙武	334—336
		原始信仰	自然崇拜、图腾崇拜、祖先崇拜	337—339
		道教	道教思想、道教神祇、道教著名故事	340—342
		佛教	佛教的传入与发展、佛教思想、"佛—菩萨—罗汉"系统、著名高僧、佛教石窟、佛教著名故事	343—348
	艺术	音乐	民族乐器、古典名曲、与音乐有关的典故、古代音乐家、近现代音乐家	349—353
		戏曲	京剧、豫剧、黄梅戏、越剧、其他剧种	354—358
		书法	文房四宝、古代著名书法家、近现代著名书法家、与书法有关的典故	359—362
		绘画	中国画的特点、古代著名画家、近现代著名画家、与绘画有关的典故	363—366
		雕刻	动物图案、植物图案、器物图案、人物图案	367—370

文化点检索二：音序检索

【说明】

①以音序检索文化点，是根据汉语拼音方案字母的顺序，来查检文化点。

②每行有三处标记，从左向右依次为：文化点（如白茶、白酒等），文化类属（如"物质—饮食—茶"），该文化点在"文化条目"中次序（如"29"，表示"白茶"是第 29 个文化点）。

A

澳门回归　心态—历史—近现代　314

B

白茶　物质—饮食—茶　29

白酒　物质—饮食—酒　32

白居易　心态—文学—古代文学　221

《白毛女》　心态—文学—现当代文学　249

《百家姓》　制度—姓氏制度—姓氏的产生与确定　83

百家争鸣　心态—历史—先秦　279

拜访　行为—交际行为—言语　174

北魏孝文帝的改革　心态—历史—三国魏晋南北朝　291

兵家流派　心态—古代哲学与宗教—兵家　335

兵家思想　心态—古代哲学与宗教—兵家　334

C

蔡伦改进造纸术　心态—历史—秦汉　284

灿烂的青铜文明　心态—历史—先秦　275

曹禺　心态—文学—现当代文学　246

茶的传播　物质—饮食—茶　23

茶的功用　物质—饮食—茶　22

茶的历史　物质—饮食—茶　21

茶艺　物质—饮食—茶　24

陈胜吴广起义　心态—历史—秦汉　281

称谓　行为—交际行为—言语　170

程颐　心态—古代哲学与宗教—儒家　321

池莉　心态—文学—现当代文学　254

重阳节　行为—民俗行为—传统历法与节日　160

川菜　物质—饮食—菜式　10

传统布料　物质—服饰—布料　1

传统帽饰　物质—服饰—帽饰　6

传统民居　物质—建筑—民居　53

传统鞋子　物质—服饰—鞋子　5

传统饮食观念　物质—饮食—饮食观念　7

春节　行为—民俗行为—传统历法与节日　154

春秋诸侯争霸　心态—历史—先秦　276

瓷器的历史　物质—器用—陶瓷　43

D

当代办学形式的多样化　制度—学校教育—办学形式　141

当代动植物资源　制度—经济制度—资源的保护与开发　108

当代对外交往　制度—民族与对外交往制度—对外交往　136

当代服装　物质—服饰—服装　4

当代官员选拔制度与措施　制度—政治制度—官员选拔制度　129

当代婚俗　制度—婚姻家庭制度—婚礼习俗　91

当代婚姻的典范　制度—婚姻家庭制度—婚姻美满的典范　93

当代婚姻观念　制度—婚姻家庭制度—婚姻观念　86

当代婚姻形式　制度—婚姻家庭制度—婚姻形态　88

当代基本政治制度　制度—政治制度—基本政治制度　121

当代祭祀大典　制度—礼仪制度—祭祀　147

当代家庭观念的变化　制度—婚姻家庭制度—家庭观念　95

当代家庭角色分工模式　制度—婚姻家庭制度—家庭生产　97

当代家庭教育　制度—婚姻家庭制度—家庭教育　99

当代教育观念　制度—学校教育—教育观念　138

当代矿产资源　制度—经济制度—资源的保护与开发　109

当代领海　制度—政治制度—疆域　115

当代领土　制度—政治制度—疆域　114

当代旅游资源　制度—经济制度—资源的保护与开发　110

当代民族政策　制度—民族与对外交往制度—民族制度　134

当代人口分布及发展趋势　制度—政治制度—人口　119

当代人口观念与政策　制度—政治制度—人口　117

当代商业建筑　物质—建筑—商业建筑　60

当代少数民族的构成　制度—民族与对外交往制度—民族制度　132

当代社会主义市场经济模式　制度—经济制度—经济模式　105

当代水资源　制度—经济制度—资源的保护与开发　107

当代体育建筑　物质—建筑—文化体育建筑　59

当代土地制度　制度—经济制度—土地制度　101

当代土地资源　制度—经济制度—资源的保护与开发　106

当代文化景观与场所　物质—建筑—文化体育建筑　58

当代学校教育内容　制度—学校教育—教育内容　145

当代学校礼仪教育　制度—礼仪制度—学校礼仪　151

当代饮食观念　物质—饮食—饮食观念　8

当代政区　制度—政治制度—地方行政区域制度　125

当代中央行政制度　制度—政治制度—中央行政制度　123

道家流派　心态—古代哲学与宗教—道家　325

道家思想　心态—古代哲学与宗教—道家　324

道教神祇　心态—古代哲学与宗教—道教　341

道教思想　心态—古代哲学与宗教—道教　340

道教著名故事　心态—古代哲学与宗教—道教　342

定窑　物质—器用—陶瓷　44

董仲舒　心态—古代哲学与宗教—儒家　320

动物图案　心态—艺术—雕刻　367

杜甫　心态—文学—古代文学　220

端午节　行为—民俗行为—传统历法与节日　157

E

儿歌与儿童诗　心态—文学—儿童文学　265

儿童故事　心态—文学—儿童文学　267

儿童科学文艺　心态—文学—儿童文学　269

儿童童话与寓言　心态—文学—儿童文学　266

儿童小说　心态—文学—儿童文学　268

儿童影视　心态—文学—儿童文学　270

F

法家流派　心态—古代哲学与宗教—法家　332

法家思想　心态—古代哲学与宗教—法家　331

范仲淹　心态—文学—古代文学　226

方言分类与分布　心态—语言文字—汉语方言　197

方言在海外的流播　心态—语言文字—汉语方言　198

防御工程　物质—建筑—军事建筑　54

非著名菜系之特色菜肴　物质—饮食—菜式　17

淝水之战　心态—历史—三国魏晋南北朝　290

风物传说　心态—文学—民间文学　261

冯梦龙　心态—文学—古代文学　237

佛教的传入与发展　心态—古代哲学与宗教—佛教　343

佛教石窟　心态—古代哲学与宗教—佛教　347

佛教思想　心态—古代哲学与宗教—佛教　344

佛教著名故事　心态—古代哲学与宗教—佛教　348

"佛—菩萨—罗汉"系统　心态—古代哲学与宗教—佛教　345

服饰与化妆　行为—交际行为—体态　181

妇女节　行为—民俗行为—当代节日　164

G

改革开放与邓小平　心态—历史—近现代　312

感谢　行为—交际行为—态度　185

告别　行为—交际行为—言语　176

哥窑　物质—器用—陶瓷　46

古代对外交往　制度—民族与对外交往制度—对外交往　135

古代飞天梦想　物质—交通—航空航天　71

古代服装　物质—服饰—服装　2

古代公路　物质—交通—公路　66

古代宫殿　物质—建筑—宫殿　51

古代官学　制度—学校教育—办学形式　139

古代皇家园林　物质—建筑—园林　61

古代婚俗　制度—婚姻家庭制度—婚礼习俗　90

古代婚姻的典范　制度—婚姻家庭制度—婚姻美满的典范　92

古代婚姻观念　制度—婚姻家庭制度—婚姻观念　85

古代婚姻类型　制度—婚姻家庭制度—婚姻形态　87

古代基本政治制度　制度—政治制度—基本政治制度　120

古代祭祀大典　制度—礼仪制度—祭祀　146

古代祭祀与陪葬器物　制度—礼仪制度—礼器　148

古代家庭观念　制度—婚姻家庭制度—家庭观念　94

古代家庭角色分工模式　制度—婚姻家庭制度—家庭生产　96

古代家庭教育　制度—婚姻家庭制度—家庭教育　98

古代疆域　制度—政治制度—疆域　113

古代教育观念　制度—学校教育—教育观念　137

古代科举的教育内容　制度—学校教育—教育内容　143

古代蒙学读物　制度—学校教育—教育内容　142

古代民族政策　制度—民族与对外交往制度—民族制度　133

古代人口分布　制度—政治制度—人口　118

古代人口观念与政策　制度—政治制度—人口　116

古代人生成长仪式　制度—礼仪制度—人生礼仪　149

古代商业经济　制度—经济制度—经济模式　104

古代少数民族的构成　制度—民族与对外交往制度—民族制度　131

古代手工业经济　制度—经济制度—经济模式　103

古代水路　物质—交通—水路　69

古代私家园林　物质—建筑—园林　62

古代私学　制度—学校教育—办学形式　140

古代土地制度　制度—经济制度—土地制度　100

古代外贸经济　制度—经济制度—对外经济　111

古代物流　物质—交通—物资流动　76

古代小农经济　制度—经济制度—经济模式　102

古代信息传递　物质—交通—信息传递　74

古代学校礼仪教育　制度—礼仪制度—学校礼仪　150

古代音乐家　心态—艺术—音乐　352

古代政区　制度—政治制度—地方行政区域制度　124

古代政治婚姻　制度—婚姻家庭制度—婚姻功能　89

古代中央行政制度　制度—政治制度—中央行政制度　122

- 93 -

古代著名画家　心态—艺术—绘画　364

古代著名书法家　心态—艺术—书法　360

古典名曲　心态—艺术—音乐　350

关汉卿　心态—文学—古代文学　231

官窑　物质—器用—陶瓷　48

郭沫若　心态—文学—现当代文学　243

国庆节　行为—民俗行为—当代节日　162

H

《韩非子》　心态—文学—古代文学　209

汉乐府　心态—文学—古代文学　214

汉字构造　心态—语言文字—汉字的发展历史　200

汉字故事　心态—语言文字—汉字的文化及应用　201

汉字起源与演变　心态—语言文字—汉字的发展历史　199

汉字艺术及应用　心态—语言文字—汉字的文化及应用　202

汉字在海外的使用　心态—语言文字—汉字的文化及应用　203

黑茶　物质—饮食—茶　30

红茶　物质—饮食—茶　28

《红楼梦》　心态—文学—古代文学　238

花茶　物质—饮食—茶　26

华夏之祖　心态—历史—先秦　271

《淮南子》　心态—文学—古代文学　212

黄酒　物质—饮食—酒　33

黄梅戏　心态—艺术—戏曲　356

黄袍加身的赵匡胤　心态—历史—宋元　296

徽菜　物质—饮食—菜式　16

J

祭祀场所　物质—建筑—陵墓与祭祀场所　56

教师节　行为—民俗行为—当代节日　161

介绍　行为—交际行为—言语　172

金属生活器用　物质—器用—金属器用　39

金庸　心态—文学—现当代文学　250

近代服装　物质—服饰—服装　3

近代新式学堂的教育内容　制度—学校教育—教育内容　144

近现代音乐家　心态—艺术—音乐　353

近现代著名画家　心态—艺术—绘画　365

近现代著名书法家　心态—艺术—书法　361

京剧　心态—艺术—戏曲　354

景德镇窑　物质—器用—陶瓷　49

酒的历史　物质—饮食—酒　31

拒绝　行为—交际行为—态度　183

钧窑　物质—器用—陶瓷　47

K

抗金名将岳飞　心态—历史—宋元　299

抗日战争　心态—历史—近现代　310

科举考试的经典故事　制度—政治制度—官员选拔制度　128

科举制度的形成与发展　制度—政治制度—官员选拔制度　127

科举制度形成之前的选拔制度　制度—政治制度—官员选拔制度　126

科学家张衡　心态—历史—秦汉　285

孔子　心态—古代哲学与宗教—儒家　317

馈赠　行为—交际行为—言语　177

L

劳动节　行为—民俗行为—当代节日　163

劳工与华侨华人　心态—历史—近现代　308

老舍　心态—文学—现当代文学　245

老子　心态—古代哲学与宗教—道家　326

李白　心态—文学—古代文学　219

李清照　心态—文学—古代文学　228

李商隐　心态—文学—古代文学　222

李时珍　心态—历史—明清　304

李世民"贞观之治"　心态—历史—隋唐　293

李煜　心态—文学—古代文学　224

《聊斋志异》　心态—文学—古代文学　239

林则徐禁烟　心态—历史—近现代　305

陵墓　物质—建筑—陵墓与祭祀场所　55

刘慈欣　心态—文学—现当代文学　258

刘心武　心态—文学—现当代文学　251

柳永　心态—文学—古代文学　225

鲁菜　物质—饮食—菜式　9

鲁迅　心态—文学—现当代文学　242

陆游　心态—文学—古代文学　229

路遥　心态—文学—现当代文学　253

《吕氏春秋》　心态—文学—古代文学　210

绿茶　物质—饮食—茶　25

M

孟子　心态—古代哲学与宗教—儒家　318

面部表情　行为—交际行为—体态　178

民间故事　心态—文学—民间文学　262

民间说唱　心态—文学—民间文学　263

民族乐器　心态—艺术—音乐　349

民族英雄文天祥　心态—历史—宋元　300

闽菜　物质—饮食—菜式　14

名字的择取艺术　制度—姓氏制度—名字的确定　84

明清其他作家　心态—文学—古代文学　241

莫言　心态—文学—现当代文学　256

墨家流派　心态—古代哲学与宗教—墨家　329

墨家思想　心态—古代哲学与宗教—墨家　328

墨子　心态—古代哲学与宗教—墨家　330

木质生活器用　物质—器用—木（草）质器用　38

N

农历与节气　行为—民俗行为—传统历法与节日　153

女皇武则天　心态—历史—隋唐　294

P

批评　行为—交际行为—态度　184

普通话　心态—语言文字—国家通用语　196

Q

七夕节　行为—民俗行为—传统历法与节日　158

其他剧种　心态—艺术—戏曲　358

器物图案　心态—艺术—雕刻　369

钱锺书　心态—文学—现当代文学　248

秦始皇　心态—历史—秦汉　280

清明节　行为—民俗行为—传统历法与节日　156

屈原　心态—文学—古代文学　208

R

人物传说　心态—文学—民间文学　259

人物图案　心态—艺术—雕刻　370

日常生活礼仪　制度—礼仪制度—生活礼仪　152

儒家流派　心态—古代哲学与宗教—儒家　316

儒家思想　心态—古代哲学与宗教—儒家　315

《儒林外史》　心态—文学—古代文学　240

汝窑　物质—器用—陶瓷　45

S

三曹　心态—文学—古代文学　215

三国鼎立　心态—历史—三国魏晋南北朝　288

《三国演义》　心态—文学—古代文学　234

商朝　心态—历史—先秦　273

商鞅　心态—古代哲学与宗教—法家　333

身体接触　行为—交际行为—体态　180

神医扁鹊　心态—历史—先秦　278

沈从文　心态—文学—现当代文学　247

生活禁忌　行为—民俗行为—生活民俗　166

《诗经》　心态—文学—古代文学　205

实现南北统一的隋文帝　心态—历史—隋唐　292

《史记》　心态—文学—古代文学　213

史事传说　心态—文学—民间文学　260

世界工厂与当代中国制造　制度—经济制度—对外经济　112

《世说新语》　心态—文学—古代文学　217

手工技艺　行为—民俗行为—生活民俗　165

手势与身势　行为—交际行为—体态　179

舒婷　心态—文学—现当代文学　255

数字喜忌　行为—民俗行为—民间观念　168

《水浒传》　心态—文学—古代文学　235

四大发明之三大发明——宋代辉煌的科技　心态—历史—宋元　301

寺庙与道观　物质—建筑—宗教建筑　57

宋代其他作家　心态—文学—古代文学　230

苏菜　物质—饮食—菜式　13

苏轼　心态—文学—古代文学　227

俗语故事　心态—文学—民间文学　264

孙武　心态—古代哲学与宗教—兵家　336

T

唐代其他作家　心态—文学—古代文学　223

唐三彩　物质—器用—陶瓷　42

唐玄宗"开元盛世"　心态—历史—隋唐　295

陶器的历史　物质—器用—陶瓷　40

陶渊明　心态—文学—古代文学　216

特色米食　物质—饮食—主食　19

特色面食　物质—饮食—主食　18

特色小吃　物质—饮食—小吃　20

天人合一观念　心态—思想观念—世界观　190

天下大同理想　心态—思想观念—世界观　191

铁面无私的包拯　心态—历史—宋元　297

图腾崇拜　心态—古代哲学与宗教—原始信仰　338

W

外国饮食的输入　物质—饮食—中国饮食的全球化　35

外销瓷　物质—器用—陶瓷　50

王蒙　心态—文学—现当代文学　252

王实甫　心态—文学—古代文学　232

王维　心态—文学—古代文学　218

王阳明　心态—古代哲学与宗教—儒家　323

委婉与直接　行为—交际行为—表达方式　187

文房四宝　心态—艺术—书法　359

文景之治　心态—历史—秦汉　282

问候　行为—交际行为—言语　171

乌龙茶　物质—饮食—茶　27

五四运动　心态—历史—近现代　309

X

西晋的建立与灭亡　心态—历史—三国魏晋南北朝　289

《西游记》　心态—文学—古代文学　236

西周　心态—历史—先秦　274

夏朝　心态—历史—先秦　272

先秦其他著作　心态—文学—古代文学　211

现代城市综合公园　物质—建筑—园林　63

现代动物园　物质—建筑—园林　64

现代公路　物质—交通—公路　67

现代航空　物质—交通—航空航天　72

现代航天　物质—交通—航空航天　73

现代会堂　物质—建筑—宫殿　52

现代水路　物质—交通—水路　70

现代铁路　物质—交通—铁路　68

现代物流　物质—交通—物资流动　77

现代信息传递　物质—交通—信息传递　75

现代植物园　物质—建筑—园林　65

香港回归　心态—历史—近现代　313

湘菜　物质—饮食—菜式　12

挟天子以令诸侯的曹操　心态—历史—秦汉　287

辛亥革命与孙中山　心态—历史—近现代　307

姓氏来源　制度—姓氏制度—姓氏的产生与确定　82

徐志摩　心态—文学—现当代文学　244

荀子　心态—古代哲学与宗教—儒家　319

Y

鸦片战争　心态—历史—近现代　306

颜色喜忌　行为—民俗行为—民间观念　169

邀请　行为—交际行为—言语　173

阴阳五行观念　心态—思想观念—世界观　189

有关"酒"的典故　物质—饮食—酒　34

余华　心态—文学—现当代文学　257

娱乐活动　行为—民俗行为—游艺民俗　167

与绘画有关的典故　心态—艺术—绘画　366

与书法有关的典故　心态—艺术—书法　362

与音乐有关的典故　心态—艺术—音乐　351

豫剧　心态—艺术—戏曲　355

元代其他作家　心态—文学—古代文学　233

元宵节　行为—民俗行为—传统历法与节日　155

原始陶器　物质—器用—陶瓷　41

远古神话　心态—文学—古代文学　204

越剧　心态—艺术—戏曲　357

粤菜　物质—饮食—菜式　11

Z

赞扬　行为—交际行为—态度　186

《战国策》　心态—文学—古代文学　207

战国七雄　心态—历史—先秦　277

张骞出使西域与丝绸之路的开通　心态—历史—秦汉　283

招待　行为—交际行为—言语　175

浙菜　物质—饮食—菜式　15

正问与反问　行为—交际行为—表达方式　188

郑成功收复台湾　心态—历史—明清　304

郑和下西洋　心态—历史—明清　302

植物图案　心态—艺术—雕刻　368

制成麻沸散的华佗　心态—历史—秦汉　286

中国画的特点　心态—艺术—绘画　363

中国饮食在海外的当地化　物质—饮食—中国饮食的全球化　37

中华美德　心态—思想观念—伦理道德观　195

中华民族的形成　制度—民族与对外交往制度—民族制度　130

中华人民共和国成立与毛泽东　心态—历史—近现代　311

中华文化的价值核心　心态—思想观念—价值观　192

中华文化的价值理想　心态—思想观念—价值观　194
中华文化的价值体系　心态—思想观念—价值观　193
中秋节　行为—民俗行为—传统历法与节日　159
中式快餐的成长　物质—饮食—中国饮食的全球化　36
朱熹　心态—古代哲学与宗教—儒家　322
著《资治通鉴》的司马光　心态—历史—宋元　298
著名高僧　心态—古代哲学与宗教—佛教　346
庄子　心态—古代哲学与宗教—道家　327
自谦与敬人　行为—交际行为—态度　182
自然崇拜　心态—古代哲学与宗教—原始信仰　337
宗法制度的形成与演变　制度—宗法制度—宗法制度的确立　78
宗法制度对当代社会的影响　制度—宗法制度—宗法制度的影响　81
宗法制度对古代社会的影响　制度—宗法制度—宗法制度的影响　80
宗法制度内容　制度—宗法制度—宗法制度的确立　79
祖先崇拜　心态—古代哲学与宗教—原始信仰　339
《左传》　心态—文学—古代文学　206

图书在版编目(CIP)数据

华文水平测试文化大纲/暨南大学华文学院,暨南大学华文考试院编.—北京:商务印书馆,2022
ISBN 978-7-100-21800-9

Ⅰ.①华… Ⅱ.①暨…②暨… Ⅲ.①汉语—对外汉语教学—水平考试—自学参考资料 Ⅳ.①H195.4

中国版本图书馆CIP数据核字(2022)第200061号

权利保留,侵权必究。

华文水平测试文化大纲
暨南大学华文学院 暨南大学华文考试院 编

商 务 印 书 馆 出 版
(北京王府井大街36号 邮政编码100710)
商 务 印 书 馆 发 行
北京虎彩文化传播有限公司印刷
ISBN 978-7-100-21800-9

2022年12月第1版　　开本880×1230 1/16
2022年12月北京第1次印刷　印张6¾
定价:68.00元